DWADZIEŚCIA LEKCJI Z DWUDZIESTEGO WIEKU

O TYRANII

DWADZIEŚCIA LEKCJI
Z
DWUDZIESTEGO WIEKU

TIMOTHY SNYDER

PRZEKŁAD
BARTŁOMIEJ PIETRZYK

ZNAK HORYZONT
KRAKÓW 2017

Tytuł oryginału
ON TYRANNY. Twenty Lessons from the Twentieth Century

Projekt okładki
Christopher Brand

Dostosowanie projektu okładki na podstawie wydania oryginalnego
Irena Jagocha

Opieka redakcyjna
Maciej Gablankowski

Adiustacja
Elżbieta Kot

Korekta
Anna Niklewicz
Agnieszka Kochanowska-Sabljak

Łamanie
Piotr Poniedziałek

ISBN 978-83-240-4226-5
Znak Horyzont
www.znakhoryzont.pl

znak

Książki z dobrej strony: www.znak.com.pl
Więcej o naszych autorach i książkach: www.wydawnictwoznak.pl
Społeczny Instytut Wydawniczy Znak, 30-105 Kraków, ul. Kościuszki 37
Dział sprzedaży: tel. (12) 61 99 569, e-mail: czytelnicy@znak.com.pl
Wydanie I, Kraków 2017. Printed in EU

Być oszukanym w polityce
nie jest usprawiedliwieniem.

LESZEK KOŁAKOWSKI

Spis treści

Do polskiego czytelnika

Niniejszy tekst został napisany w grudniu 2016 roku i skierowany do obywateli Stanów Zjednoczonych. Jeśli odpowiada późniejszym wydarzeniom, potwierdza to tylko ogólną tezę, że warto czerpać naukę z historii w krytycznych momentach. Jeżeli niektóre argumenty brzmią znajomo, udowadnia to, jak ogromny jest mój intelektualny i moralny dług wobec polskich kolegów i przyjaciół.

Timothy Snyder

Prolog

Historia i tyrania

Historia się wprawdzie nie powtarza, ale udziela lekcji. Debatując nad amerykańską konstytucją, ojcowie założyciele wyciągali wnioski ze znanych im wydarzeń z przeszłości. Obawiając się, że projektowana przez nich demokratyczna republika upadnie, rozważali proces wyradzania się starożytnych demokracji i republik w oligarchie oraz imperia. Wiedzieli przy tym, że Arystoteles ostrzegał przed niestabilnością wynikającą z nierówności, a Platon uważał, że demagodzy wykorzystują wolność słowa, by stać się tyranami. Budując swą demokratyczną republikę na fundamentach prawnych i ustanawiając trójpodział władzy, ojcowie założyciele starali się zapobiec złu, które – podobnie jak dawni filozofowie – zwali tyranią. Rozumieli przez nią uzurpację władzy przez jednostkę lub grupę bądź obchodzenie prawa przez rządzących dla własnej korzyści. Późniejsza debata polityczna w Stanach Zjednoczonych dotyczyła w znacznej mierze problemu tyranii wewnątrz amerykańskiego społeczeństwa – na przykład wobec niewolników i kobiet.

Sięganie do historii, gdy nasz porządek polityczny wydaje się zagrożony, jest jedną z podstawowych tradycji Zachodu. Jeżeli obawiamy się dziś, że eksperymentowi amerykańskiemu grozi tyrania, możemy pójść za przykładem ojców założycieli i przyjrzeć się dziejom innych demokracji oraz republik. Dobrą wiadomością jest to, że możemy czerpać z przykładów nowszych i bardziej aktualnych niż starożytna Grecja czy Rzym. Zła wiadomość brzmi natomiast tak: historia współczesnej demokracji jest także opowieścią o schyłku i upadku. Od chwili, gdy kolonie amerykańskie ogłosiły niepodległość od monarchii brytyjskiej, którą ojcowie założyciele uznali za „tyranię", w Europie doszło do trzech wielkich fal demokratyzacji: po I wojnie światowej w 1918 roku, po

II wojnie światowej w 1945 roku i po upadku komunizmu w 1989 roku. Wiele spośród powstałych wówczas demokracji poniosło porażkę w okolicznościach, które pod pewnymi istotnymi względami przypominają naszą dzisiejszą sytuację.

Historia może nieść wiedzę, ale także ostrzeżenie. Pod koniec XIX wieku, podobnie jak pod koniec XX, rozwój handlu światowego rodził nadzieje na postęp. U zarania poprzedniego stulecia – tak jak na początku naszego – nadziejom tym zagroziły jednak nowe wizje polityki masowej: pojawili się przywódcy i partie twierdzące, że wyrażają bezpośrednio wolę narodu. W latach 20. i 30. XX wieku demokracje europejskie stoczyły się w otchłań prawicowego autorytaryzmu i faszyzmu. W latach 40. powstały w 1922 roku komunistyczny Związek Radziecki rozprzestrzenił swój model ustrojowy w Europie. Europejska historia XX wieku dowodzi, że społeczeństwa mogą się rozpaść, demokracje – upaść, etyka może się załamać, a zwykli ludzie mogą stanąć nad dołem śmierci z bronią w ręku. Dziś warto zastanowić się nad tym, dlaczego może do tego dojść.

Zarówno faszyzm, jak i komunizm były reakcją na globalizację: na rzeczywiste i dostrzegane nierówności będące jej wynikiem oraz na pozorną bezradność demokracji w ich usuwaniu. Faszyści odrzucili rozum w imię woli, zaprzeczając prawdzie obiektywnej i zastępując ją pełnym chwały mitem głoszonym przez przywódców, którzy twierdzili, że dali głos ludowi. Dali też twarz globalizacji, utrzymując, że jej złożone wyzwania są wynikiem spisku uknutego przeciwko narodowi. Rządzili przez kilkanaście lat i pozostawili spuściznę intelektualną, która z dnia na dzień coraz bardziej wraca do łask. Komuniści utrzymali się przy władzy dłużej – przez prawie siedemdziesiąt lat w Związku Radzieckim i przez ponad czterdzieści w większej części Europy Wschodniej. Ich model rządów opierał się na zdyscyplinowanej elicie partyjnej z monopolem na rozum, która miała poprowadzić społeczeństwo ku zaplanowanej już przyszłości zgodnie z niezmiennymi (ich zdaniem) prawami historii.

Przekonanie, że nasze demokratyczne dziedzictwo automatycznie chroni nas przed takimi zagrożeniami, może być kuszące. To błędny odruch. Nasza własna tradycja wymaga studiowania historii, aby móc pojąć najgłębsze źródła tyranii i zastanowić się nad tym, jak należy na nią reagować. Nie jesteśmy wcale mądrzejsi od Europejczyków, którzy widzieli w XX wieku, jak demokracja ulegała faszyzmowi, nazizmowi czy komunizmowi. Mamy natomiast nad nimi jedną przewagę – możemy się uczyć na ich doświadczeniach. Teraz jest na to właściwy moment.

Niniejsza książka przedstawia dwadzieścia lekcji z XX wieku sformułowanych z uwzględnieniem dzisiejszej sytuacji.

O TYRANII

1

Nie bądź z góry posłuszny

Władza autorytarna w większości jest dana dobrowolnie. W czasach takich jak dzisiejsze ludzie zastanawiają się, czego zażąda w przyszłości bardziej represyjny rząd, i są gotowi spełniać te żądania, zanim jeszcze je usłyszą. Uginając się w ten sposób, obywatele wskazują władzy, jak daleko może się posunąć.

Wyprzedzające posłuszeństwo oznacza polityczną tragedię. Na początku rządzący być może nie wiedzą, że ludzie są skłonni do kompromisu w sprawie danej wartości lub zasady. Nowy reżim może początkowo nie dysponować środkami bezpośredniego wywierania wpływu na obywateli. Po niemieckich wyborach w 1932 roku, które stworzyły Adolfowi Hitlerowi warunki do utworzenia rządu, a także po czechosłowackich w 1946 roku, w których zwyciężyli komuniści, kolejnym ważnym etapem było wyprzedzające posłuszeństwo. Ponieważ w obydwu przypadkach wystarczająca liczba ludzi dobrowolnie zaoferowała nowym przywódcom swoje usługi, zarówno naziści, jak i komuniści zdali sobie sprawę, że mogą szybko przystąpić do pełnej przebudowy porządku politycznego. Te pierwsze niebaczne akty konformizmu okazały się nieodwracalne.

Na początku 1938 roku Hitler, ugruntowawszy swoją władzę w Niemczech, zagroził aneksją sąsiedniej Austrii. Po kapitulacji austriackiego kanclerza los tamtejszej społeczności żydowskiej przypieczętowało wyprzedzające posłuszeństwo mieszkańców kraju. Lokalni naziści łapali Żydów i zmuszali ich do szorowania ulic, aby usunąć z nich symbole niepodległej

Austrii. Co najważniejsze, ludzie, którzy nie byli nazistami, patrzyli na to z zaciekawieniem i rozbawieniem. Wykorzystując spis mienia żydowskiego, naziści zagarniali, co tylko mogli. Zasadnicze znaczenie miało to, że inni, którzy nie należeli do ruchu nazistowskiego, przyłączyli się do grabieży. Filozofka polityki Hannah Arendt wspominała później: „gdy oddziały niemieckie wkroczyły do kraju, a sąsiedzi-goje uczyli się napadać na żydowskie domy, austriaccy Żydzi zaczęli popełniać samobójstwa"[1].

Wyprzedzające posłuszeństwo Austriaków w marcu 1938 roku pokazało nazistowskiemu przywództwu nowe możliwości. W sierpniu Adolf Eichmann stworzył Centralny Urząd do spraw Emigracji Żydów z siedzibą w Wiedniu. W listopadzie 1938 roku, wzorując się na austriackim przykładzie z marca, niemieccy naziści urządzili ogólnokrajowy pogrom znany pod nazwą *Kristallnacht* (nocy kryształowej).

W 1941 roku, gdy Niemcy najechały Związek Radziecki, SS z własnej inicjatywy i bez żadnego rozkazu opracowała metody masowego zabijania.

---

1 Hannah Arendt, *My, uchodźcy*, tłum. Halina Bortnowska, „Znak" nr 339–340 (1983), s. 503.

Podwładni domyślili się, czego chcą ich przełożeni, i zademonstrowali, co jest możliwe. Okazało się, że znacznie więcej, niż sądził Hitler.

Na samym początku wyprzedzające posłuszeństwo jest instynktownym, bezrefleksyjnym dostosowaniem się do nowej sytuacji. Czy takie rzeczy robią tylko Niemcy? Zastanawiając się nad zbrodniami nazistowskimi, amerykański psycholog Stanley Milgram pragnął wykazać, że istnieje coś takiego jak osobowość autorytarna, która wyjaśnia postępowanie Niemców. Zaprojektował nawet eksperyment, aby sprawdzić tę hipotezę, ale nie uzyskał zgody na przeprowadzenie go w Niemczech, więc zdecydował się uczynić to w budynku Uniwersytetu Yale. Działo się to w 1961 roku – mniej więcej w tym samym czasie, gdy Adolfa Eichmanna sądzono w Jerozolimie za udział w nazistowskim planie zagłady Żydów.

Milgram powiedział badanym, z których część była studentami Yale, a część mieszkańcami New Haven, że będą razić prądem innych uczestników podczas eksperymentu dotyczącego uczenia się. W rzeczywistości osoby podłączone do przewodów po drugiej stronie szyby działały w porozumieniu z eksperymentatorem i udawały tylko, że doznają wstrząsów elektrycznych.

Gdy badani zadawali (w swoim pojęciu) wstrząsy (rzekomym) uczestnikom eksperymentu, którego tematem miało być uczenie się, byli świadkami strasznych rzeczy. Ludzie, których nie znali i do których nie żywili żadnej urazy, wydawali się bardzo cierpieć – tłukli pięściami w szybę i uskarżali się na ból serca. Mimo to większość badanych postępowała zgodnie z poleceniami Milgrama i zwiększała (w swoim przekonaniu) siłę kolejnych wstrząsów do chwili, gdy ofiara wydawała się umierać. Nawet ci, którzy zatrzymali się w pół drogi przed (pozornym) zabiciem innego człowieka, wychodzili z pomieszczenia, nie dopytując się o stan zdrowia pozostałych uczestników.

Milgram pojął, że w nowym otoczeniu ludzie wykazują nadzwyczajną gotowość do przyjmowania nowych reguł. Są zaskakująco skłonni wyrządzać innym krzywdę, a nawet zabijać ich w służbie nowej sprawy, jeżeli nakaże im to czynić nowa władza. „Zetknąłem się z tak wielkim posłuszeństwem" – wspominał psycholog – „że nie widziałem już potrzeby powtarzania tego eksperymentu w Niemczech".

2

Broń instytucji

To instytucje pomagają nam zachować przyzwoitość. One też potrzebują jednak naszej pomocy. Nie mów o „naszych instytucjach", jeżeli nie przechodzisz od słów do czynów i nie działasz na ich rzecz. Instytucje nie obronią się same. Jeżeli nie będziemy chronić każdej z nich od samego początku, runą jedna po drugiej. Wybierz zatem instytucję, na której ci zależy – sąd, gazetę, ustawę czy związek zawodowy – i stań po jej stronie.

Często zakładamy, że instytucje automatycznie oprą się nawet bezpośrednim atakom. Taki właśnie błąd popełniła część niemieckich Żydów po utworzeniu rządu przez Hitlera i nazistów. Artykuł wstępny wyrażający to mylne przekonanie opublikowała na przykład czołowa gazeta niemieckich Żydów 2 lutego 1933 roku:

> Nie zgadzamy się z poglądem, jakoby Hitler i jego poplecznicy, posiadłszy teraz władzę, której tak długo pożądali, mieli wprowadzić w życie krążące [w nazistowskich gazetach] sugestie; nie odbiorą oni nagle niemieckim Żydom praw konstytucyjnych, nie zamkną ich w gettach ani też nie wystawią ich na mordercze zapędy zawistnego motłochu. Nie mogą tego uczynić, gdyż ich władzę ogranicza wiele istotnych czynników [...] i z pewnością nie zdecydują się podążyć tą drogą. Atmosfera panująca w mocarstwach europejskich skłania do refleksji etycznej skutkującej samodoskonaleniem, nie zaś do ponownego przyjęcia wcześniejszych postaw z czasów opozycyjnych[2].

---

2 [b.a.], *Die neue Lage (Wochenrundschau)*, „Der Israelit" nr 5, 2 lutego 1933, s. 1–2.

Tak myślało wielu rozsądnych ludzi w 1933 roku i wielu rozsądnych ludzi sądzi tak obecnie. Błąd polega na założeniu, że rządzący, którzy doszli do władzy dzięki instytucjom, nie mogą ich zmienić ani zniszczyć – nawet jeżeli zapowiedzieli, że właśnie to zrobią. Zamiarem rewolucjonistów bywa czasem likwidacja wszystkich instytucji naraz. Takie podejście reprezentowali rosyjscy bolszewicy. W innych przypadkach zostają one pozbawione żywotności i funkcji, stając się zaledwie cieniem swojej dawnej świetności – w ten sposób umacniają nowy porządek, zamiast mu się sprzeciwiać. Naziści określali to mianem *Gleichschaltung* (zglajchszaltowania).

Utrwalenie nowego porządku nazistowskiego zajęło niecały rok. Przed końcem 1933 roku Niemcy stały się państwem jednopartyjnym, w którym upokorzono wszystkie najważniejsze instytucje. Aby utwierdzić nowy ład, w listopadzie władze przeprowadziły wybory parlamentarne (bez udziału opozycji) oraz referendum (w którym „prawidłowa" odpowiedź była oczywista). Niektórzy niemieccy Żydzi zagłosowali zgodnie z życzeniem nazistowskich przywódców w nadziei, że ten gest lojalności uczyni ich częścią nowego systemu. Była to jednak próżna nadzieja.

3

Strzeż się państwa jednopartyjnego

Partie, które zmieniły w końcu kształt państw i wyeliminowały rywali, nie były wszechmocne od samego początku. Wykorzystały one natomiast pewien moment historyczny, aby uniemożliwić przeciwnikom czynny udział w życiu politycznym. Wspieraj zatem system wielopartyjny i broń zasad demokratycznych wyborów. Póki możesz, głosuj w wyborach lokalnych i ogólnokrajowych. Rozważ też kandydowanie na urząd publiczny.

Thomas Jefferson prawdopodobnie nigdy nie powiedział, że „ceną wolności jest wieczna czujność", ale niewątpliwie sądzili tak inni Amerykanie w jego czasach. Zastanawiając się dziś nad tą sentencją, wyobrażamy sobie siebie w roli szlachetnych strażników oczekujących ataku z zewnątrz, ze strony innych, którzy błądzą lub są naszymi wrogami. Mamy wizję nas samych jako miasta na wzgórzu – twierdzy demokracji broniącej się przed zagrożeniami z zagranicy. Sens tego powiedzenia był wszakże zupełnie inny: natura ludzka sprawia, że amerykańskiej demokracji trzeba bronić przed samymi A m e r y k a n a m i, którzy nadużyją swobód, aby położyć jej kres. Tak naprawdę opinię, że „ceną wolności jest wieczna czujność", wyraził amerykański abolicjonista Wendell Phillips. Dodał przy tym, że „mannę powszechnej wolności trzeba zbierać codziennie, gdyż inaczej zgnije".

Historia nowożytnej demokracji europejskiej potwierdza mądrość tych słów; XX wiek był czasem podejmowanych w dobrej wierze wysiłków na rzecz upowszechnienia praw wyborczych i ugruntowania demokracji. Jednak ustroje demokratyczne powstałe po wojnach światowych – zarówno pierwszej, jak i drugiej – często upadały, gdy w wyniku połączenia wyborów z zamachem stanu do władzy dochodziła jedna partia. Korzystny rezultat wyborczy, wyznawana ideologia lub obydwa te czynniki naraz mogły skłonić stronnictwo polityczne do zmiany systemu od wewnątrz. Gdy faszyści, naziści czy komuniści osiągali dobre wyniki w wyborach w latach 30. lub 40. XX wieku, następnym ich krokiem były spektakle, represje i taktyka salami – pozbywania się po jednej kolejnych warstw oporu. Uwagę większości ludzi dało się odwrócić, niektórzy trafiali do więzień, a pozostali byli bezsilni.

Bohater powieści Davida Lodge'a mówi, że kochając się ostatni raz, nie wiesz, że ten jest ostatni. Podobnie jest z wyborami. Niektórzy spośród Niemców, którzy zagłosowali na NSDAP w 1932 roku, bez wątpienia zdawali sobie sprawę, że mogą to być ostatnie naprawdę wolne wybory w najbliższym czasie, ale większość nie była tego świadoma. Niektórzy z Czechów i Słowaków, którzy opowiedzieli się za Komunistyczną Partią Czechosłowacji w 1946 roku, prawdopodobnie wiedzieli, że głosują za końcem demokracji, lecz większość sądziła, że dostanie kolejną szansę. Nie ulega wątpliwości, że Rosjanie, którzy głosowali w 1990 roku, nie podejrzewali, że będą to jak dotąd ostatnie wolne i uczciwe wybory w dziejach ich kraju. Każde wybory mogą być ostatnimi – przynajmniej w życiu danego wyborcy. Naziści pozostali przy władzy, dopóki nie przegrali wojny światowej w 1945 roku, a komuniści czechosłowaccy – aż do upadku systemu w 1989 roku. Ukształtowana po wyborach z 1990 roku rosyjska oligarchia nadal funkcjonuje, a celem prowadzonej przez nią polityki zagranicznej jest niszczenie demokracji w innych krajach.

Czy w Stanach Zjednoczonych warto studiować historię tyranii? Z pewnością sądzili tak pierwsi Amerykanie, którzy mówili o „wiecznej czujności". Stworzony przez nich ustrój miał łagodzić skutki rzeczywistych ludzkich wad, nie zaś oddawać hołd naszej wyimaginowanej perfekcji. Dziś, podobnie jak starożytni Grecy, niewątpliwie borykamy się z problemem oligarchii, który staje się coraz groźniejszy, w miarę jak globalizacja pogłębia różnice w zamożności. Dziwaczne amerykańskie przekonanie, że finansowanie kampanii politycznych jest wyrazem wolności słowa, oznacza, że najbogatsi mają znacznie więcej do powiedzenia od pozostałych obywateli, także przy urnach. Wierzymy, że chroni nas trójpodział władzy, ale rzadko mieliśmy do czynienia z sytuacją taką jak obecna, gdy mniej popularna z dwóch partii skupia w swoim ręku całość władzy zarówno na szczeblu federalnym, jak i w większości legislatyw stanowych. Przy tym partia owa zamierza prowadzić politykę w większości niezgodną z poglądami ogółu społeczeństwa, a po części wręcz bardzo niepopularną, a zatem musi albo obawiać się demokracji, albo chcieć ją osłabić.

Kolejna sentencja z wczesnych lat państwowości amerykańskiej głosiła, że „gdzie kończą się coroczne wybory, zaczyna się tyrania". Czy z perspektywy czasu będziemy wspominać wybory 2016 roku podobnie jak Rosjanie rok 1990, Czesi 1946, a Niemcy 1932? To na razie zależy od nas. Czeka nas wielka praca na rzecz naprawy zmanipulowanego systemu wyborczego, tak aby każdy obywatel dysponował jednym głosem o równej wartości, a każdy oddany głos mógł zostać po prostu przeliczony przez innego obywatela. Potrzebujemy papierowych kart wyborczych, gdyż nie można ich zdalnie sfałszować i zawsze można przeliczyć je ponownie. Ten rodzaj pracy można wykonać na szczeblu lokalnym i stanowym.

Możemy mieć pewność, że wybory w 2018 roku – zakładając, że się odbędą – okażą się testem amerykańskich tradycji. Tak więc mamy wiele do zrobienia do tego czasu.

4

Weź odpowiedzialność za oblicze świata

Symbole dnia dzisiejszego umożliwiają nastanie rzeczywistości jutra. Zwracaj uwagę na swastyki i inne oznaki nienawiści. Nie odwracaj wzroku i nie przyzwyczajaj się do nich. Usuwaj je sam i dawaj przykład innym.

Życie jest polityką – nie dlatego, że świat przejmuje się tym, co myślisz, ale dlatego, że reaguje na to, co robisz. Nasze drobne decyzje stanowią rodzaj głosu, mogą zwiększać lub zmniejszać prawdopodobieństwo wolnych i uczciwych wyborów w przyszłości. W polityce dnia codziennego bardzo liczą się nasze słowa i gesty lub ich brak. Można to zilustrować kilkoma skrajnymi (a także mniej skrajnymi) przykładami z XX wieku.

W stalinowskim Związku Radzieckim zamożnych rolników przedstawiano na plakatach propagandowych jako świnie – był to akt dehumanizacji, który w warunkach wiejskich stanowił wyraźne odwołanie do zwierząt przeznaczonych na rzeź. Działo się to na początku lat 30. XX wieku, gdy państwo sowieckie usiłowało podporządkować sobie wieś i pozyskać z niej kapitał na potrzeby błyskawicznego uprzemysłowienia. Ci chłopi, którzy posiadali więcej gruntów lub inwentarza od innych, tracili wszystko jako pierwsi. Przedstawienie sąsiada jako świni oznaczało, że jego ziemia jest do wzięcia. Ci, którzy postąpili zgodnie z tą symboliczną logiką, mieli jednak wkrótce sami stać się ofiarami. Zwróciwszy uboższych chłopów przeciw bogatszym, władza sowiecka zagarnęła następnie całą ich ziemię, aby utworzyć kołchozy. Dokonana w ten sposób kolektywizacja przyniosła głód znacznej części sowieckiej wsi. W latach 1930–1933 miliony ludzi na sowieckiej Ukrainie, w Kazachstanie oraz w Rosji zginęły straszną, upokarzającą śmiercią. Źródła z tego okresu mówią o ludziach, którzy ćwiartowali zwłoki, aby pozyskać mięso.

W 1933 roku, podczas kulminacji klęski głodu w ZSRR, do władzy w Niemczech doszła NSDAP. W euforii zwycięstwa naziści spróbowali wówczas zorganizować bojkot sklepów żydowskich. Początkowo nie odnosili większych sukcesów, ale praktyka malowania na witrynach lub ścianach napisów określających firmy jako „żydowskie" bądź „aryjskie" z czasem wpłynęła na sposób, w jaki Niemcy podejmowali indywidualne decyzje ekonomiczne. Sklep oznaczony jako „żydowski" nie miał przyszłości – stawał się obiektem pożądania. Gdy mienie podzielono według kategorii etnicznych, zawiść zmieniła reguły etyki. Jeżeli sklepy mogły być „żydowskie", co z innymi firmami i resztą majątku? Tłumione być może początkowo życzenie, aby Żydzi zniknęli, narastało, karmiąc się chciwością. Tak więc ci Niemcy, którzy oznaczali sklepy jako „żydowskie", uczestniczyli w procesie prowadzącym do rzeczywistego usunięcia Żydów – podobnie jak ci ludzie, którzy tylko się przyglądali. Akceptacja takich znaków jako naturalnego elementu miejskiego krajobrazu była już kompromisem ze zbrodniczą przyszłością.

Pewnego dnia ktoś może ci zaproponować, byś zaczął nosić jakiś emblemat na znak lojalności. Upewnij się, że jest to symbol wyrażający akceptację dla współobywateli, a nie chęć ich wykluczenia. Nawet znaczki wpinane w klapę mogą nieść złowrogie przesłanie. W 1933 roku w nazistowskich Niemczech, w okresie poprzedzającym wybory i referendum utrwalające państwo jednopartyjne, ludzie nosili w klapach przypinki ze słowem „Tak". W 1938 roku w Austrii osoby niewyznające wcześniej ideologii nazistowskiej przypinały znaczki ze swastyką. To, co wydaje się wyrazem dumy, może skutkować wykluczeniem. W Europie w latach 30. i 40. XX wieku niektórzy zdecydowali się nosić swastyki, po czym inni musieli nosić żółte gwiazdy.

Końcową lekcję na temat symboli niesie historia schyłkowego komunizmu, gdy nikt już nie wierzył w rewolucję. Nawet wtedy, gdy obywatele są już zniechęceni i chcą tylko, żeby zostawić ich w spokoju, obecne w przestrzeni publicznej znaki mogą podtrzymywać dyktatorski reżim. Gdy czechosłowaccy komuniści wygrali wybory w 1946 roku, a dwa lata później zdobyli pełnię władzy po zamachu stanu, wielu obywateli Czechosłowacji wpadło w euforię. W 1978 roku, po trzydziestu latach, dysydent Václav Havel napisał *Siłę bezsilnych*, wyjaśniając tajemnicę długowieczności represyjnego reżimu, w którego cele i ideologię wierzyło już bardzo niewielu. W jego przypowieści sklepikarz wywiesza tabliczkę z napisem: „Proletariusze wszystkich krajów, łączcie się".

Mężczyzna wcale nie wyraża jednak tym samym poparcia dla przesłania tego cytatu z *Manifestu komunistycznego*. Hasło w witrynie warzywniaka umieszcza po to, by móc prowadzić w spokoju życie prywatne, nie narażając się na nieprzyjemności ze strony władz. Gdy wszyscy postępują zgodnie z tą logiką, sfera publiczna wypełnia się oznakami lojalności, a sprzeciw staje się nie do pomyślenia. Havel ujął to następująco:

> Jak widzieliśmy, rzeczywiste znaczenie hasła wystawionego przez kierownika sklepu warzywnego nie ma nic wspólnego z jego tekstem. A jednak to rzeczywiste

znaczenie jest całkowicie jasne i powszechnie zrozumiałe. Dzieje się tak na skutek powszechnej znajomości obowiązującego kodu. Kierownik sklepu zadeklarował swą lojalność – i nic innego zrobić nie mógł, jeżeli jego oświadczenie musiało być przyjęte – w jedyny sposób, na jaki władza nie jest głucha: akceptując przepisany rytuał, przyjmując pozór za rzeczywistość, godząc się na dane „reguły gry". Ale godząc się na nie, sam wszedł do gry, stał się jej uczestnikiem, umożliwił dalszą grę, w ogóle jej kontynuację, po prostu jej trwanie, istnienie[3].

Havel pyta następnie: co się stanie, jeżeli nikt nie zechce grać?

---

3 Václav Havel, *Siła bezsilnych*, tłum. Agnieszka Holland, w: *idem*, *Siła bezsilnych i inne eseje*, Warszawa 2011, s. 95.

5

Pamiętaj o etyce zawodowej

Kiedy przywódcy polityczni dają negatywny przykład, wynikające z etyki zawodowej zobowiązania do właściwego postępowania nabierają dodatkowego znaczenia. Trudno jest zniszczyć państwo prawa bez prawników lub urządzić procesy pokazowe bez sędziów. Reżimy autorytarne potrzebują posłusznych urzędników, a dyrektorzy obozów koncentracyjnych poszukują biznesmenów zainteresowanych tanią siłą roboczą.

Przed II wojną światową osobistym prawnikiem Hitlera był Hans Frank. Po napaści Niemiec na Polskę w 1939 roku Frank został gubernatorem generalnym okupowanych terytoriów – niemieckiej kolonii, gdzie zamordowano miliony Żydów i innych polskich obywateli. Pewnego razu oświadczył, że gdyby wszystkie egzekucje ogłaszano w formie drukowanych obwieszczeń, nie wystarczyłoby drzew na papier. Frank twierdził, że prawo ma służyć rasie, a zatem to, co wydaje się korzystne dla rasy, jest prawem. Używając takich argumentów, niemieccy prawnicy mogli nabrać przekonania, że zadaniem przepisów oraz reguł jest umożliwiać podboje i destrukcję, a nie je utrudniać.

Arthur Seyss-Inquart, któremu Hitler powierzył nadzór nad aneksją Austrii, a później rządy nad okupowaną Holandią, także był prawnikiem. Prawnicy byli też wyraźnie nadreprezentowani wśród dowódców Einsatzgruppen – specjalnych grup operacyjnych, które dokonywały masowych mordów Żydów, Cyganów, polskich elit, komunistów, niepełnosprawnych i innych. Niemieccy (i inni) lekarze brali udział w koszmarnych eksperymentach medycznych w obozach koncentracyjnych. Biznesmeni z IG Farben i innych niemieckich firm korzystali z pracy więźniów w lagrach, Żydów w gettach oraz jeńców wojennych.

Wszystko to nadzorowali i odnotowywali urzędnicy – od ministrów po sekretarki.

Gdyby prawnicy postępowali zgodnie z regułą, że egzekucji nie można wykonać bez procesu, gdyby lekarze przestrzegali zasady, że na zabieg wymagana jest zgoda pacjenta, gdyby przedsiębiorcy poparli zakaz niewolniczej pracy, a urzędnicy odmówili zajmowania się dokumentacją dotyczącą zabójstw, reżimowi nazistowskiemu byłoby znacznie trudniej popełnić zbrodnie, z którymi go kojarzymy.

Wolne zawody mogą wykształcić formy dialogu etycznego, który nie jest możliwy między odosobnioną jednostką a odległym rządem. Jeżeli wykonujący te zawody myślą o sobie jako o grupach posiadających wspólne interesy i zobowiązanych do nieustannego przestrzegania pewnych norm i zasad, daje im to pewność siebie, a w pewnym zakresie także i władzę. Etyki zawodowej musimy przestrzegać właśnie wtedy, gdy słyszymy, że sytuacja jest wyjątkowa. Wówczas nie ma mowy o czymś takim, jak „tylko wykonywanie rozkazów". Jeżeli jednak przedstawiciele wolnych zawodów pomylą zasady obowiązującej ich etyki z emocjami bieżącej chwili, mogą zacząć mówić i robić rzeczy, które wcześniej wydawały im się niewyobrażalne.

6

Miej się na baczności przed organizacjami paramilitarnymi

Kiedy uzbrojeni ludzie, którzy zawsze twierdzili, że sprzeciwiają się systemowi, zakładają mundury i zaczynają maszerować z pochodniami i zdjęciami przywódcy, koniec jest bliski. Gdy popierające przywódcę bojówki mieszają się z policją i wojskiem, jest już po wszystkim.

Większość rządów stara się utrzymać monopol na przemoc bez względu na okoliczności. Warunkiem prowadzenia polityki w formie, jaką zwykliśmy uważać za normę, jest możliwość legalnego użycia przemocy tylko przez rząd i istnienie odpowiednich ograniczeń prawnych regulujących takie użycie. Gdy do przemocy uciekać się mogą również podmioty inne niż państwo, nie da się przeprowadzać demokratycznych wyborów, rozstrzygać spraw w sądach ani uchwalać i egzekwować przepisów – niemożliwe jest wówczas nawet zwyczajne rządzenie. Właśnie dlatego partie i ludzie, którzy pragną osłabienia demokracji i praworządności, tworzą oraz finansują stosujące przemoc organizacje o charakterze politycznym. Grupy takie mogą przyjąć postać paramilitarnej przybudówki partii, ochrony osobistej konkretnego polityka lub pozornie spontanicznych inicjatyw obywatelskich, które, jak się zwykle okazuje, zorganizowała partia lub jej przywódca.

Uzbrojone grupy najpierw degradują porządek polityczny, a następnie go przekształcają. Prawicowe bojówki, takie jak powstała w międzywojennej Rumunii Żelazna Gwardia albo wywodzący się z tego samego okresu strzałokrzyżowcy na Węgrzech, zastraszały rywali. Nazistowskie oddziały szturmowe pełniły początkowo funkcję ochrony, usuwając przeciwników Hitlera z sal podczas wieców. Działając już jako organizacje paramilitarne pod nazwami SA i SS, wytworzyły one atmosferę strachu, która pomogła partii nazistowskiej wygrać wybory parlamentarne w 1932 i 1933 roku. W 1938 roku w Austrii miejscowe oddziały SA szybko wykorzystały zniknięcie dotychczasowych władz lokalnych, obrabowując, bijąc i upokarzając Żydów. W ten sposób zmieniły zasady polityki i utorowały nazistom drogę do przejęcia kraju. SS zarządzała niemieckimi obozami koncentracyjnymi – strefami wyjętymi spod prawa, gdzie nie obowiązywały zwykłe reguły. Podczas II wojny światowej zaprowadziła przećwiczone w tych obozach rządy bezprawia we wszystkich krajach europejskich, które znalazły się pod okupacją niemiecką. SS jako organizacja działała najpierw poza prawem, potem przeciw niemu, a w końcu je unieważniła.

Amerykański rząd federalny wykorzystuje najemników do prowadzenia wojen, a władze stanowe przekazują zarządzanie więzieniami korporacjom, które otrzymują za to pieniądze, więc stosowanie przemocy w Stanach Zjednoczonych zostało już w znacznym stopniu sprywatyzowane. Nowością jest natomiast prezydent, który po objęciu urzędu pragnie zachować ochronę osobistą wykorzystywaną podczas kampanii do uciszania siłą przeciwników. Jeszcze będąc kandydatem, nakazywał on ochronie usuwanie z wieców osób, które się z nim nie zgadzały, a także zachęcał słuchaczy, aby wyrzucali tych wyrażających odmienne zdanie. Jeżeli ktoś protestował, najpierw rozlegało się buczenie, potem frenetyczne okrzyki „USA", a na koniec zmuszano tę osobę do opuszczenia wiecu. Pewnego razu kandydat oświadczył: „Jacyś zostali. Może ich wyrzućcie. Wyrzućcie ich". Na ten sygnał tłum zaczął się rozglądać za odszczepieńcami, nieustannie skandując „USA". Mówca zapytał wtedy: „Prawda, że to lepsze od zwykłego nudnego wiecu? To świetna zabawa". Przemoc ze strony tłumu miała zmienić atmosferę polityczną – i tak się stało.

Aby przemoc mogła zmienić nie tylko atmosferę, ale także ustrój, trzeba uczynić wiecowe emocje i ideologię wykluczenia elementami szkolenia uzbrojonych bojówkarzy. Ci najpierw rzucą wyzwanie policji i wojsku, następnie je spenetrują, a ostatecznie przekształcą na swoją modłę.

7

Jeżeli musisz nosić broń, bądź rozważny

Jeżeli należysz do uzbrojonych służb państwowych, niech Bóg błogosławi cię i ma w opiece. Wiedz jednak, że do zła uczynionego w przeszłości rękę przyłożyli policjanci i żołnierze, którzy w pewnym momencie zgodzili się działać niezgodnie z regułami. Bądź gotów powiedzieć: „Nie”.

Reżimy autorytarne mają zazwyczaj do dyspozycji specjalne oddziały policyjne, których zadaniem jest rozpraszanie chcących protestować obywateli, a także tajną policję między innymi pozbywającą się dysydentów i innych ludzi wskazanych jako wrogowie. W istocie te drugie formacje miały walny udział w wielkich zbrodniach XX wieku, takich jak Wielki Terror w Związku Radzieckim w latach 1937–1938 i Holokaust europejskich Żydów dokonany przez nazistowskie Niemcy w latach 1941–1945. Bardzo myli się jednak ten, kto sądzi, że sowiecka NKWD czy nazistowska SS działały samodzielnie. Bez wsparcia ze strony regularnych sił policyjnych, a czasem też zwykłych żołnierzy, organizacje te nie mogłyby zabijać na tak dużą skalę.

W czasie Wielkiego Terroru w ZSRR oficerowie NKWD wykonali i odnotowali 682 691 egzekucji na rzekomych wrogach państwa – większość ofiar stanowili chłopi lub członkowie mniejszości narodowych. Możliwe, że ówczesna NKWD była najbardziej scentralizowanym i najlepiej zorganizowanym organem przemocy w historii ludzkości. Na skazanych wyroki strzałem w kark wykonywało niewielu ludzi, co oznaczało, że niektórzy enkawudziści mieli na sumieniu tysiące morderstw politycznych. Mimo to z pewnością nie mogliby przeprowadzić takiej akcji bez pomocy miejscowych sił policyjnych, przedstawicieli zawodów prawniczych i urzędników w całym Związku Radzieckim. Wielki Terror rozegrał się podczas stanu wyjątkowego, gdy od wszystkich policjantów wymagano podporządkowania się NKWD i wykonywania zadań specjalnych. Nie byli oni głównymi sprawcami, ale zapewnili niezbędną liczebność szeregów.

Myśląc o nazistowskiej zagładzie Żydów, wyobrażamy sobie Auschwitz i zmechanizowaną, bezosobową śmierć. Był to dla Niemców wygodny rodzaj pamięci o Holokauście, gdyż pozwalał im twierdzić, że tylko garstka ludzi dokładnie wiedziała, co działo się za bramami obozów. W rzeczywistości Holokaust nie rozpoczął się w fabrykach śmierci, ale nad dołami, gdzie rozstrzeliwano ludzi w Europie Wschodniej. Niektórzy dowódcy Einsatzgruppen – które dopuściły się części tych morderstw – byli zresztą sądzeni w Norymberdze, a później w zachodnioniemieckich sądach. Nawet te procesy umniejszały jednak na swój sposób skalę popełnionych zbrodni. Nie tylko dowódcy oddziałów SS, ale i w zasadzie wszyscy ich podwładni – a były ich tysiące – byli mordercami.

A to był dopiero początek. Podczas Holokaustu w każdej większej egzekucji z użyciem broni palnej (pod Kijowem rozstrzelano ponad 33 000 Żydów, nieopodal Rygi ponad 28 000 i tak dalej) uczestniczyły regularne oddziały niemieckiej policji. Zwykli policjanci zamordowali w sumie więcej Żydów niż Einsatzgruppen. Wielu z nich nie przygotowywano specjalnie do tego zadania. Po prostu znaleźli się na nieznanym sobie terytorium, otrzymali rozkazy i nie chcieli okazać słabości. Gdy policjanci odmawiali wykonania rozkazu mordowania Żydów, co zdarzało się rzadko, nie byli jednak karani.

Niektórzy zabijali ze zbrodniczych pobudek, ale wielu innych zabójców po prostu obawiało się wyróżnić na tle reszty. Oprócz konformizmu rolę odegrały też inne czynniki, lecz bez konformistów popełnienie największych zbrodni byłoby niemożliwe.

8

Wyróżniaj się

Ktoś musi. Podążać za innymi jest łatwo. Robiąc lub mówiąc coś innego, możesz czuć się dziwnie, ale to uczucie niepokoju jest warunkiem wolności. Pamiętaj o Rosie Parks[4]. Gdy tylko dasz przykład, czar *status quo* pryśnie i inni podążą za tobą.

---

[4] Rosa Parks odmówiła ustąpienia białemu pasażerowi miejsca w autobusie, a konsekwencją jej aresztowania był bojkot komunikacji miejskiej. Parks stała się później symbolem walki z segregacją rasową i o prawa człowieka w USA – przyp. tłum.

Po II wojnie światowej Europejczycy, Amerykanie i inni budowali swoje mity szlachetnego oporu wobec Hitlera. W latach 30. XX wieku dominowały jednak chęć ułożenia się z nim i podziw dla jego reżimu. Do 1940 roku większość Europejczyków pogodziła się z niepokonaną z pozoru potęgą nazistowskich Niemiec. Wpływowi Amerykanie, jak na przykład Charles Lindbergh, sprzeciwiali się wojnie z nazistami, głosząc hasło „Po pierwsze Ameryka". Mimo to zapamiętaliśmy i obdarzamy podziwem tych, których w tamtych czasach uznawano za odstających od reszty, ekscentrycznych lub wręcz szalonych – tych, którzy pozostali sobą, gdy świat wokół nich się zmienił.

Na długo przed II wojną światową liczne kraje europejskie porzuciły demokrację na rzecz różnych form prawicowego autorytaryzmu. Pierwszym państwem faszystowskim w 1922 roku stały się Włochy, które zawarły sojusz wojskowy z III Rzeszą. Węgry, Rumunia i Bułgaria sprzyjały Niemcom w zamian za obietnice wymiany handlowej i zdobyczy terytorialnych. W marcu 1938 roku żadne z wielkich mocarstw nie zgłosiło sprzeciwu, gdy Niemcy zajęli Austrię. We wrześniu wspomniane mocarstwa – Francja, Włochy i Wielka Brytania, której premierem był wówczas Neville Chamberlain – w rzeczywistości współpracowały z III Rzeszą przy rozbiorze Czechosłowacji. W lecie 1939 roku Związek Radziecki sprzymierzył się z nazistami, a Armia Czerwona przyłączyła się do Wehrmachtu, dokonując inwazji na Polskę. Rząd polski zdecydował się walczyć, na mocy zawartych traktatów wciągając do wojny także Wielką Brytanię i Francję. Wiosną 1940 roku zaopatrywani w żywność i paliwo przez ZSRR Niemcy najechali i szybko zajęli Norwegię, Holandię, Belgię, a nawet Francję. Pozostałości Brytyjskiego Korpusu Ekspedycyjnego ewakuowano z kontynentu przez Dunkierkę na przełomie maja i czerwca 1940 roku.

Gdy Winston Churchill został premierem w maju 1940 roku, Wielka Brytania była osamotniona. Brytyjczycy nie odnieśli żadnych znaczących zwycięstw i nie mieli silnych sojuszników. Do wojny przystąpili, aby wesprzeć Polskę, co wydawało się przegraną sprawą. Na kontynencie dominowały nazistowskie Niemcy wraz ze swoim sowieckim sojusznikiem. W listopadzie 1939 roku Związek Radziecki najechał Finlandię, zaczynając od bombardowania Helsinek. Bezpośrednio po objęciu urzędu przez

Churchilla ZSRR zajął i zaanektował trzy państwa bałtyckie: Estonię, Łotwę oraz Litwę. Stany Zjednoczone nie przystąpiły do wojny.

Adolf Hitler nie żywił szczególnej niechęci do Wielkiej Brytanii i jej imperium – wyobrażał sobie wręcz podział świata na strefy interesów. Oczekiwał, że po upadku Francji Churchill pogodzi się z rzeczywistością. Stało się jednak inaczej. Brytyjski premier oświadczył Francuzom: „Cokolwiek zrobicie, my będziemy walczyć do samego końca".

W czerwcu 1940 roku, zwracając się do brytyjskiego parlamentu, zapowiedział, że „zaczyna się bitwa o Wielką Brytanię". Niemiecka Luftwaffe rozpoczęła bombardowanie brytyjskich miast. Hitler spodziewał się, że zmusi tym Churchilla do podpisania rozejmu, ale się przeliczył. Brytyjski premier wspominał później okres kampanii powietrznej jako „czas, gdy śmierć wydawała się równie kusząca co życie". Mówił też, że jest zaszczycony, iż to jemu przypadło wyrażać niewzruszony optymizm Wielkiej Brytanii. W rzeczywistości to on sam pomógł Anglikom określić się mianem dumnego narodu, który ze spokojem stawia czoła złu. Inni politycy zdołaliby znaleźć wśród brytyjskiej opinii publicznej poparcie dla zakończenia wojny. Churchill jednak stawiał opór, inspirował – i wygrał. Royal Air Force (w skład której wchodziły dwa polskie dywizjony i inni zagraniczni piloci) zatrzymała Luftwaffe. Nawet Hitler nie potrafił sobie wyobrazić inwazji morskiej na Wielką Brytanię bez kontroli w powietrzu.

Churchill uczynił to, czego nie zrobili inni. Zamiast z góry się poddać, zmusił Hitlera do zmiany planów. Zasadnicza strategia niemiecka polegała na eliminacji wszelkiego oporu na Zachodzie, a następnie zdradzeniu Związku Radzieckiego, najechaniu i skolonizowaniu jego zachodnich ziem. W czerwcu 1941 roku Niemcy zaatakowały sowieckiego sojusznika, ale Wielka Brytania nadal walczyła.

Berlin musiał teraz toczyć wojnę na dwa fronty, a Moskwa i Londyn stały się niespodziewanie sprzymierzeńcami. W grudniu 1941 roku Japonia zbombardowała amerykańską bazę marynarki wojennej w Pearl Harbor na Hawajach, w wyniku czego do wojny przystąpiły Stany Zjednoczone. Moskwa, Waszyngton i Londyn utworzyły wielką, niezwyciężoną koalicję. Wspólnie i z pomocą wielu innych sojuszników trzy wielkie mocarstwa wygrały II wojnę światową. Gdyby jednak premier nie skłonił Brytyjczyków do dalszej walki w 1940 roku, nie byłoby już żadnej wojny do wygrania.

Churchill mawiał, że historia oceni go łaskawie, gdyż ma zamiar sam ją napisać. W obszernych dziełach historycznych i pamiętnikach przedstawił jednak swoje decyzje jako zupełnie oczywiste, zasługi przypisując rodakom i sojusznikom Wielkiej Brytanii. Dzisiaj to, co uczynił, wydaje się normalne i słuszne. Wtedy musiał jednak wyróżnić się spośród innych.

Oczywiście Wielka Brytania znalazła się w stanie wojny tylko dlatego, że polskie przywództwo zdecydowało się walczyć we wrześniu 1939 roku. Otwarty opór zbrojny Polaków został przełamany w październiku. W 1940 roku w Warszawie charakter niemieckiej okupacji stawał się oczywisty.

Teresa Prekerowa miała wtedy ukończyć liceum. Majątek ziemski rodziny zagarnęli Niemcy, więc jej rodzice byli zmuszeni wynająć lokum w Warszawie. Ojciec Teresy został aresztowany, jeden z wujów zginął na polu bitwy, a dwóch braci trafiło do niemieckich obozów jenieckich. Samo miasto poniosło poważne straty wskutek niemieckich bombardowań, które zabiły około 25 000 osób.

Reakcja Teresy, bardzo młodej kobiety, na te straszliwe wydarzenia wyróżniała ją spośród przyjaciół i rodziny. W czasie gdy naturalną rzeczą było myśleć tylko o sobie, ona myślała o innych. Pod koniec 1940 roku Niemcy zaczęli zakładać getta w kontrolowanej przez siebie części Polski. W październiku Żydom z Warszawy i okolic nakazano przeniesienie się do jednej z dzielnic miasta. Jeden z braci Teresy jeszcze przed wojną utrzymywał kontakty towarzyskie z żydowską dziewczyną i jej bliskimi. Teresa zauważyła, że ludzie bez protestu pozwalają, aby żydowscy przyjaciele znikali z ich życia.

Nic nie mówiąc rodzinie i bardzo wiele ryzykując, pod koniec 1940 roku wchodziła kilkanaście razy do getta warszawskiego, przynosząc żywność i lekarstwa dla Żydów – zarówno tych, których znała, jak i obcych ludzi. Przed końcem roku skłoniła przyjaciółkę brata do ucieczki z zamkniętej dzielnicy, a w 1942 roku pomogła w ucieczce jej rodzicom i bratu. Tego lata Niemcy przeprowadzili w warszawskim getcie tzw. *Grossaktion* (Wielką Akcję), wywożąc około 265 040 Żydów do fabryki śmierci w Treblince, aby ich zamordować, i zabijając kolejnych 10 380 Żydów w samej dzielnicy. Teresa uratowała więc tę rodzinę przed pewną śmiercią.

Teresa Prekerowa została później historyczką Holokaustu – pisała o getcie warszawskim i o innych, którzy pomagali Żydom. Wolała jednak nie pisać o sobie. Kiedy wiele lat później poproszono ją, aby opowiedziała o swoim życiu, określiła swoje czyny jako normalne. Z naszego punktu widzenia wydają się one wyjątkowe. Wyróżniała się.

9

Dbaj o język

Unikaj fraz, które słyszysz od wszystkich innych. Wyrażaj się na swój sposób, nawet jeżeli chcesz przekazać tylko to, co twoim zdaniem powtarzają wszyscy. Postaraj się odgrodzić od internetu. Czytaj książki.

Romanista żydowskiego pochodzenia Victor Klemperer wykorzystał swoje wykształcenie filologiczne do przeprowadzenia krytycznej analizy nazistowskiej propagandy. Zauważył przy tym, że język Hitlera wyklucza możliwości legalnego sprzeciwu: określenie „naród" zawsze oznaczało te a nie inne grupy ludzi (prezydent także używa tego słowa w ten sposób), kontakty były nieodmiennie „zmaganiami" (prezydent mówi o „wygrywaniu"), a każda próba pojmowania świata w inny sposób przez wolnych ludzi była „szkalowaniem" przywódcy (lub, jak ujmuje to prezydent, „zniesławieniem").

W dzisiejszych czasach politycy podsuwają komunały za pośrednictwem telewizji, gdzie powtarzają je nawet ci, którzy chcą wyrazić odmienne zdanie. Telewizja rzekomo rzuca wyzwanie językowi polityki, pokazując obrazy, ale seria następujących po sobie kadrów nie daje poczucia, że rzeczywiście nastąpiło jakieś rozstrzygnięcie. Wszystko dzieje się szybko, ale tak naprawdę nie dzieje się nic. Każda historia w wiadomościach jest „z ostatniej chwili", dopóki nie zastąpi jej kolejna. Przyjmujemy więc uderzenia jednej fali za drugą, ale w ogóle nie widzimy oceanu.

Określenie kształtu i znaczenia zdarzeń wymaga słów oraz pojęć, które wymykają się nam, gdy pochłaniają nas bodźce wzrokowe. Oglądanie wiadomości w telewizji przypomina czasem patrzenie na kogoś, kto również przygląda się obrazowi. Uznaliśmy ten zbiorowy trans za coś normalnego i stopniowo mu się poddaliśmy.

Ponad pół wieku temu klasyczne powieści o totalitaryzmie ostrzegały przed dominacją ekranów, eliminacją książek, zawężeniem słownictwa i w rezultacie – ubóstwem myśli. W opublikowanych w 1953 roku *451° Fahrenheita* Raya Bradbury'ego[5] strażacy wyszukują i palą książki, podczas gdy większość obywateli jest pochłonięta interaktywną telewizją. We wcześniejszym o cztery lata *Roku 1984* George'a Orwella[6] książki są zakazane, a przekaz telewizyjny – dwukierunkowy, co pozwala rządowi nieustannie obserwować obywateli. W *Roku 1984* język mediów wizualnych ściśle ograniczono, aby pozbawić społeczeństwo pojęć niezbędnych do myślenia

5 Wydanie polskie ukazało się w 1960 roku – przyp. tłum.

6 Pierwsze wydanie polskie ukazało się w Paryżu w 1953 roku, pierwsze w obiegu oficjalnym w 1988 roku – przyp. tłum.

o teraźniejszości, zapamiętywania przeszłości i rozważania przyszłości. Jedno z działań reżimu polegało na dalszym zawężaniu języka przez usuwanie kolejnych słów z każdego następnego wydania oficjalnego słownika.

Wpatrywanie się w ekrany jest być może nieuniknione, ale dwuwymiarowy świat nie ma większego sensu, jeżeli nie jesteśmy w stanie czerpać ze skarbnicy pojęć zbudowanej gdzie indziej. Powtarzając te same słowa i frazy, które pojawiają się codziennie w mediach, zgadzamy się na brak szerszej perspektywy. Aby zyskać taką perspektywę, trzeba dysponować większą liczbą pojęć, a to z kolei wymaga czytania. Wyrzuć więc z pokoju ekrany i otocz się książkami. Bohaterowie książek Orwella i Bradbury'ego nie mieli takiego wyboru, ale my nadal możemy to uczynić.

Co czytać? Każda dobra powieść ćwiczy naszą zdolność do roztrząsania niejednoznacznych sytuacji i oceny intencji innych ludzi. Na czasie wydają się *Bracia Karamazow* Fiodora Dostojewskiego i *Nieznośna lekkość bytu* Milana Kundery. *It Can't Happen Here* [To nie może zdarzyć się tutaj][7] Sinclaira Lewisa

---

7 Amerykańska powieść wydana w 1935 roku.

nie jest dziełem wybitnym; lepszy jest *Spisek przeciwko Ameryce* Philipa Rotha. Jest też książka o tyranii i oporze, którą znają miliony młodych Amerykanów – chodzi o *Harry'ego Pottera i Insygnia Śmierci* J.K. Rowling. Jeśli ty, twoi znajomi lub dzieci nie odczytaliście jej w ten sposób, warto zapoznać się z nią ponownie.

Z dzieł na tematy polityczne i historyczne, które stanowią podstawę argumentów sformułowanych w niniejszej książce, należy wymienić esej *Politics and the English Language* [Polityka i język angielski] George'a Orwella (1946); opisującą język III Rzeszy książkę *LTI – notatnik filologa* Victora Klemperera (1947[8]); *Korzenie totalitaryzmu* Hannah Arendt (1951[9]); *Człowieka zbuntowanego* Alberta Camusa (1951[10]); *Zniewolony umysł* Czesława Miłosza[11]; *Siłę bezsilnych* Václava Havla (1978[12]); *Jak*

8 Wydanie polskie ukazało się w 1983 roku – przyp. tłum.

9 Wydanie polskie ukazało się w 1993 roku – przyp. tłum.

10 Pierwsze wydanie polskie ukazało się w Paryżu w 1958 roku, pierwsze w obiegu oficjalnym w 1973 roku – przyp. tłum.

11 Pierwsze wydanie w Paryżu w 1953 roku, pierwsze w obiegu oficjalnym w 1989 roku – przyp. tłum.

12 Wydanie w drugim obiegu ukazało się w 1984 roku, wydanie w obiegu oficjalnym wraz z innymi esejami w 2011 roku – przyp. tłum.

być konserwatywno-liberalnym socjalistą Leszka Kołakowskiego (1978[13]); *Pomimo i wbrew – eseje o Europie Środkowej* Timothy'ego Gartona Asha (1989[14]); *Brzemię odpowiedzialności* Tony'ego Judta (1998[15]); *Zwykłych ludzi* Christophera Browninga (1992[16]); oraz *Jądro dziwności* Petera Pomerantseva (2014[17]).

Chrześcijanie mogą powrócić do fundamentalnej księgi, która zawsze pozostaje aktualna. Chrystus nauczał, że „łatwiej jest wielbłądowi przejść przez ucho igielne, niż bogatemu wejść do królestwa niebieskiego". Winniśmy być skromni: „każdy bowiem, kto się wywyższa, będzie poniżony, a kto się poniża, będzie wywyższony". Oczywiście musimy też zastanawiać się, co jest prawdą, a co fałszem: „poznacie prawdę, a prawda was wyzwoli".

---

13 Wydanie polskie ukazało się w Londynie w 1979 roku – przyp. tłum.

14 Wydanie polskie ukazało się w 1990 roku – przyp. tłum.

15 Wydanie polskie ukazało się w 2013 roku – przyp. tłum.

16 Wydanie polskie ukazało się w 2000 roku – przyp. tłum.

17 Wydanie polskie ukazało się w 2015 roku – przyp. tłum.

10

Wierz w prawdę

Porzucenie faktów oznacza porzucenie wolności. Jeżeli nic nie jest prawdą, wówczas nikt nie może krytykować władzy, gdyż nie ma do tego żadnych podstaw. Jeżeli nic nie jest prawdą, to wszystko jest spektaklem, w którym najjaśniejszy blask reflektorów można kupić za największą sumę pieniędzy.

Poddajemy się tyranii, kiedy wyrzekamy się różnicy między tym, co chcemy usłyszeć, a tym, co rzeczywiście jest prawdziwe. To wyrzeczenie się rzeczywistości może wydawać się naturalne i przyjemne, ale jego wynikiem jest nasz upadek jako jednostek, a tym samym upadek każdego systemu politycznego, który opiera się na indywidualizmie. Obserwatorzy totalitaryzmu, tacy jak Victor Klemperer, dostrzegli, że prawdę zabijają cztery zjawiska – i obecnie obserwujemy je wszystkie.

Pierwszym zjawiskiem jest otwarta wrogość wobec sprawdzalnej rzeczywistości, która przejawia się przedstawianiem wymysłów i kłamstw tak, jak gdyby były one faktami. Prezydent robi to bardzo chętnie i często. Podjęta podczas kampanii w 2016 roku próba weryfikacji jego wypowiedzi dała następujący wynik: 78 procent stwierdzeń odnoszących się do faktów było fałszywych. Odsetek ten jest tak wysoki, że wypowiedzi zgodne z prawdą wydają się niezamierzonymi potknięciami na drodze do całkowitej fikcji. Lekceważenie świata takiego, jakim jest, daje podwaliny do budowy fikcyjnego kontrświata.

Drugim zjawiskiem są szamańskie zaklęcia. Jak zauważył Klemperer, styl faszystowski opiera się na

„niekończących się powtórzeniach", mających na celu uczynienie wiarygodnym tego, co fikcyjne, i pożądanym tego, co zbrodnicze. Ciągłe uciekanie się do przezwisk, takich jak „Ted Łgarz" czy „Aferzystka Hillary", stanowi wyparcie faktu, że pewne cechy charakteru można by trafniej przypisać samemu prezydentowi. Mimo to prostacki zabieg nieustannego powtarzania ich na Twitterze pozwolił mu zamienić osoby w stereotypy, które ludzie później powielali, mówiąc o nich. Nieustanne skandowanie „Zbuduj mur!" i „Zamknąć ją!" podczas wieców nie odnosiło się do żadnych skonkretyzowanych planów prezydenta, ale to właśnie ten brak realizmu sprzyjał nawiązaniu kontaktu między nim a słuchaczami.

Kolejnym zjawiskiem jest myślenie magiczne, czyli otwarta akceptacja sprzeczności. W kampanii prezydenckiej obiecano obniżki podatków dla wszystkich, eliminację zadłużenia publicznego oraz zwiększenie wydatków zarówno na politykę społeczną, jak i obronę narodową. Te obietnice są ze sobą sprzeczne. To tak, jak gdyby rolnik powiedział, że zabiera jajko z kurnika, gotuje je na twardo i podaje żonie, a jednocześnie gotuje je w koszulce i daje dzieciom, po czym zwraca kurze nienaruszone jajko i patrzy, jak wykluwa się z niego kurczę.

Akceptacja tak radykalnego fałszu wymaga całkowitego odrzucenia rozumu. Klemperer opisuje, jak w 1933 roku przez myślenie magiczne tracił przyjaciół w Niemczech – jego słowa brzmią dziś niepokojąco aktualnie. Jedna z jego byłych studentek błagała go: „musi się pan poddać temu uczuciu, i ciągle powinien pan sobie uświadamiać wielkość Führera, a nie kłopoty, na jakie pan sam jest chwilowo narażony"[18]. Dwanaście lat później, gdy dokonały się już wszystkie zbrodnie i kończyła się wojna, którą Niemcy jednoznacznie przegrały, żołnierz z amputowaną kończyną powiedział Klempererowi: „On jeszcze nigdy nie skłamał. W Hitlera wierzę"[19].

Ostatnim zjawiskiem jest wiara pokładana w niewłaściwej osobie. Przykładem są stwierdzenia prezydenta, w których kreuje się on na rodzaj bóstwa: „Tylko ja mogę to rozwiązać" czy „Jestem waszym głosem". Gdy wiara zstępuje w ten sposób z nieba na ziemię, nie ma już miejsca na małe prawdy płynące z indywidualnego osądu i doświadczenia. Klemperera

---

[18] Victor Klemperer, *LTI. Notatnik filologa*, tłum. Juliusz Zychowicz, wyd. II, Kraków 1983, s. 116.

[19] *Ibidem*, s. 119.

przerażało to, że ta zmiana wydawała się trwała. Gdy prawda zaczęła się opierać na proroctwach, a nie faktach, dowody stały się nieistotne. Pod koniec wojny pewien robotnik powiedział mu: „[R]ozumienie nic tu nie ma do rzeczy, trzeba wierzyć. Ja wierzę w Führera”[20].

W latach 30. XX wieku wielki rumuński dramaturg Eugène Ionesco obserwował, jak kolejni przyjaciele ulegają pokusie faszystowskiego języka. Doświadczenie to stało się kanwą jego osadzonej w nurcie teatru absurdu sztuki *Nosorożec* z 1959 roku: w dramacie ci, którzy padli ofiarą propagandy, zamieniają się w wielkie rogate bestie. O swoich osobistych doświadczeniach Ionesco mówił następująco:

> Profesorowie uniwersyteccy, studenci, intelektualiści stawali się jeden po drugim nazistami i wstępowali do Żelaznej Gwardii. Z początku na pewno nie byli nazistami. Spotykaliśmy się w gronie mniej więcej piętnastu osób, żeby rozmawiać i próbować szukać argumentów przeciw ich retoryce. To nie było łatwe (...). Od czasu do czasu jeden z przyjaciół mówił:

20 *Ibidem*, s. 120.

„Oczywiście nie zgadzam się z nimi, ale w pewnych kwestiach muszę jednak przyznać – na przykład jeżeli chodzi o Żydów..." itp. To właśnie był objaw. Trzy tygodnie później ktoś taki stawał się nazistą. Maszyna go wciągała, przyjmował wszystko, zostawał nosorożcem. Pod koniec opór stawiało już tylko trzech czy czterech spośród nas[21].

Celem Ionesco było pokazać nam, jak dziwaczna jest w istocie propaganda, a jednocześnie jak normalna wydaje się tym, którzy się jej poddają. Wykorzystując absurdalny obraz nosorożca, próbował wstrząsnąć ludźmi, aby dostrzegli osobliwość tego, co faktycznie się działo.

Nosorożce krążą po sawannach naszych mózgów. Obecnie jesteśmy bardzo przejęci zjawiskiem, które nazywamy „postprawdą"; zazwyczaj sądzimy przy tym, że pogarda dla faktów życia codziennego i konstruowanie alternatywnych światów jest czymś nowym lub objawem postmodernizmu. George Orwell

---

[21] Cyt. za: Anne Quinney, *Excess and Identity: The Franco-Romanian Ionesco Combats Rhinoceritis*, „South Central Review", t. 24, nr 3 (2007), s. 42.

uchwycił jednak właściwie wszystkie cechy tego zjawiska siedemdziesiąt lat temu, gdy ukuł termin „dwójmyślenie". Postprawda przywraca w każdym szczególe faszystowskie podejście do prawdy i dlatego nic, co obserwujemy w dzisiejszym świecie, nie zdziwiłoby Klemperera czy Ionesco.

Faszyści gardzili skromnymi prawdami codziennej egzystencji, uwielbiali za to przypominające nową religię slogany, a nad historię czy dziennikarstwo przedkładali mity. Wykorzystywali nowe media – w tamtym czasie było to radio – aby werbel propagandy mógł rozbudzić emocje, zanim ludzie zdążą sprawdzić fakty. Teraz, podobnie jak wtedy, wiele osób myli wiarę w kompletnie nienadającego się do swojej roli przywódcę z prawdą o świecie, w którym wszyscy żyjemy.

Postprawda jest przedfaszyzmem.

11

Bądź dociekliwy

Sprawdzaj pewne rzeczy samodzielnie. Poświęcaj więcej czasu na lekturę długich artykułów. Finansuj dziennikarstwo śledcze, prenumerując prasę drukowaną. Miej świadomość, że niektóre treści w internecie są publikowane po to, aby ci zaszkodzić. Dowiedz się więcej o serwisach internetowych analizujących kampanie propagandowe (niektóre inspirowane z zagranicy). Weź odpowiedzialność za informacje, które przekazujesz innym.

„Czym jest prawda?" Ludzie czasem zadają to pytanie, gdyż woleliby pozostać bezczynni. Ogólny cynizm sprawia, że czujemy się modni i alternatywni nawet wtedy, gdy toniemy wraz ze współobywatelami w bagnie obojętności. Zdolność do ustalania faktów czyni nas odrębnymi jednostkami, a zbiorowe zaufanie do wspólnej wiedzy – społeczeństwem. Osoba, która docieka, to także obywatel, który buduje. Przywódca wrogi wobec ludzi dociekliwych jest potencjalnym tyranem.

Podczas kampanii prezydent oświadczył w rosyjskim medium propagandowym, że amerykańskie media „są wprost niewiarygodnie nieuczciwe". Zakazał wielu reporterom wstępu na swoje wiece i regularnie podburzał słuchaczy przeciw dziennikarzom. Podobnie jak przywódcy autorytarnych reżimów obiecywał stłumić wolność słowa przez wprowadzenie przepisów, które uniemożliwią krytykę. Tak jak Hitler, prezydent określał mianem „kłamstw" zgodne z prawdą stwierdzenia, które mu się nie podobały, a dziennikarstwo przedstawiał jako wymierzoną w niego kampanię. W przyjaźniejszych stosunkach pozostawał z internetem – czerpał z niego błędne informacje, które przekazywał następnie milionom ludzi.

W 1971 roku, zastanawiając się nad rozpowszechnianymi w Stanach Zjednoczonych kłamstwami na temat wojny w Wietnamie, filozofka polityki Hannah Arendt czerpała pociechę z tego, że w wolnym społeczeństwie fakty w nieunikniony sposób przeważają nad fałszem: „W normalnych warunkach kłamca zostaje pokonany przez rzeczywistość, której nic nie zastąpi; bez względu na to, jak wielka jest zasłona fałszu rozwieszana przez doświadczonego kłamcę, nigdy nie będzie ona wystarczająco duża, aby zakryć cały ogrom faktyczności, nawet jeżeli skorzysta on z pomocy komputerów"[22]. Stwierdzenie o komputerach nie jest już prawdziwe. W wyborach prezydenckich w 2016 roku dwuwymiarowy świat internetu okazał się ważniejszy od trójwymiarowego świata kontaktów międzyludzkich. Chodzący po domach agitatorzy partyjni napotykali w drzwiach zdumione spojrzenia Amerykanów, którzy nagle zdawali sobie sprawę, że musieliby porozmawiać o polityce z kimś z krwi i kości, zamiast uzyskać potwierdzenie

---

22 Hannah Arendt, *Lying in Politics: Reflections on the Pentagon Papers*, „The New York Review of Books", t. 17, nr 8, 18 listopada 1971, s. 30–39.

swoich poglądów w aktualnościach serwowanych im na Facebooku. W dwuwymiarowym świecie internetu narodziły się nowe, niewidoczne w świetle dziennym zbiorowości – podatne na manipulację plemiona o wyrazistych światopoglądach. (Tak, spisek rzeczywiście istnieje: jego celem jest zatrzymać cię jak najdłużej w internecie, abyś szukał tam spisków).

Potrzebujemy prasy drukowanej, aby historie rozwijały się na stronach i w naszych umysłach. Co oznaczają na przykład słowa prezydenta, że miejsce kobiet jest „w domu", że ciąża jest „niedogodnością", że matki nie dają z siebie w pracy „sto procent", że kobiety należy karać za aborcję, że kobiety to „nieroby", „świnie" lub „maszkary", a molestowanie seksualne jest czymś dopuszczalnym? Co oznacza fakt, że sześć firm prezydenta upadło, a jego przedsiębiorstwa były finansowane tajemniczymi zastrzykami gotówki przez podmioty z siedzibami w Rosji i Kazachstanie? Tych rzeczy możemy się dowiedzieć z różnych mediów. Gdy dowiadujemy się o nich z ekranu, wciąga nas jednak zazwyczaj logika spektaklu. Informacja o jednym skandalu zaostrza nasz apetyt na kolejne.

Gdy podświadomie przyjmiemy, że oglądamy *reality show*, a nie że rozważamy kwestie z prawdziwego życia, żaden obraz nie będzie mógł już zaszkodzić prezydentowi politycznie. Zasadą takich spektakli jest, że każdy kolejny odcinek musi być bardziej dramatyczny od poprzedniego. Jeżeli znajdziemy film z prezydentem tańczącym kozaka w rytm oklasków Władimira Putina, w następnej odsłonie będziemy zapewne się domagać, żeby tancerz miał na sobie skórę niedźwiedzia, a w zębach trzymał zwitek rubli.

Bardziej profesjonalni dziennikarze piszący na łamach prasy drukowanej pozwalają nam uchwycić sens czegoś, co w innym razie mogłoby nam się wydawać fragmentarycznymi informacjami o mniejszym znaczeniu, dla nas samych i dla kraju. Choć łatwo przesłać przeczytany artykuł dalej, zgromadzenie informacji oraz napisanie tekstu jest ciężką pracą wymagającą czasu i pieniędzy. Zanim wyszydzisz „media głównego nurtu", przypomnij sobie, że one już z niego wypadły. Głównym nurtem stało się dziś łatwe szydzenie, a prawdziwe dziennikarstwo jest trudne i zostało zepchnięte na margines. Spróbuj sam napisać porządny artykuł, który wymaga wykonania pracy w świecie rzeczywistym: podróży, rozmów, podtrzymywania kontaktów ze źródłami, analizy dokumentów, sprawdzania wszystkiego, przelewania zgromadzonych informacji na papier i wprowadzania poprawek do kolejnych wersji – przy czym przez cały czas goni cię termin. Jeżeli ci się to spodoba, zacznij prowadzić bloga. Tymczasem doceń tych, którzy próbują z tego żyć. Dziennikarze nie są doskonali, podobnie jak ludzie wykonujący wszystkie inne zawody. Istnieje jednak różnica w jakości między tekstami ludzi, którzy przestrzegają etyki dziennikarskiej, a tekstami tych, których ona nie obchodzi.

Uważamy za naturalne płacenie hydraulikowi lub mechanikowi, ale informacji domagamy się za darmo. Nie oczekujemy, że będziemy pić wodę lub jeździć, jeżeli nie zapłacimy za ułożenie rur czy naprawę samochodu. Dlaczego zatem chcemy kształtować swoje poglądy polityczne, nie inwestując w to ani grosza? Dostajemy to, za co płacimy.

Jeżeli uda nam się ustalić fakty, internet dostarczy nam godnej pozazdroszczenia możliwości przekazania ich dalej. Autorytety, które tu cytuję, nie miały takiego luksusu. Wielki polski filozof i historyk Leszek Kołakowski, który jest autorem motta tej książki, stracił katedrę na Uniwersytecie Warszawskim za krytyczne wypowiedzi wobec reżimu komunistycznego i nie mógł publikować. Pierwszy cytat w tej książce pochodzi z eseju Hannah Arendt zatytułowanego *My, uchodźcy* – cudem powstałego dzieła uciekinierki przed morderczym nazistowskim reżimem.

O genialnym umyśle Victora Klemperera pamiętamy dziś tylko dlatego, że za rządów nazistów uparcie prowadził w ukryciu dziennik. Dla niego był on warunkiem przetrwania: „Mój dziennik był dla mnie w tamtych latach niejednokrotnie drążkiem-balansjerem, bez którego sto razy spadłbym w przepaść”[23]. Największy myśliciel wśród dysydentów sprzeciwiających się komunizmowi w latach 70. XX wieku, Václav Havel, poświęcił swój najważniejszy esej *Siła bezsilnych* filozofowi, który zmarł wkrótce po przesłuchaniu przez czechosłowacką służbę bezpieczeństwa. W komunistycznej Czechosłowacji tekst ten rozpowszechniano nielegalnie, w kilku zaledwie egzemplarzach; mieszkańcy Europy Wschodniej, wzorując się na rosyjskich dysydentach, nazywali takie materiały samizdatami.

„Jeżeli życie w kłamstwie jest główną oporą systemu” – pisał Havel – „to trudno się dziwić, że głównym jego zagrożeniem staje się życie w prawdzie”[24]. W dobie internetu każdy jest wydawcą, więc każdy ponosi też po części prywatną odpowiedzialność za publiczne poczucie prawdy. Jeśli potraktujemy

---

23 Victor Klemperer, *op. cit.*, s. 17.

24 Václav Havel, *op. cit.*, s. 104.

poszukiwanie faktów poważnie, każdy z nas może dokonać niewielkiej rewolucji w funkcjonowaniu internetu. Samodzielnie weryfikując informacje, nie prześlesz innym fałszywych wiadomości. Czytając teksty dziennikarzy, którym masz powody ufać, możesz również przekazywać innym to, czego oni się dowiedzieli. Jeśli będziesz rozpowszechniać na Twitterze wyłącznie wyniki pracy ludzi, którzy przestrzegają zasad rzetelnego dziennikarstwa, nie zaśmiecisz sobie mózgu interakcją z botami i trollami.

Publikując fałsz, nie widzimy ludzi, którym szkodzimy, ale nie znaczy to, że nie robimy niczego złego. Analogią może być prowadzenie auta. Być może nie widzimy innego kierowcy, ale wiemy, że nie wolno nam uderzyć w jego samochód, gdyż zdajemy sobie sprawę, że w takim wypadku poszkodowane będą obie strony. Dziesiątki razy dziennie chronimy kogoś, mimo że go nie widzimy. Podobnie, choć nie widzimy innej osoby siedzącej przed komputerem, ponosimy część odpowiedzialności za to, co ona czyta. Jeżeli będziemy unikać zatruwania umysłów niewidocznych dla nas użytkowników internetu, inni nauczą się robić to samo. Być może wtedy ruch w internecie przestanie przypominać wielki, tragiczny w skutkach wypadek drogowy.

12

Nawiązuj kontakt wzrokowy i prowadź niezobowiązujące konwersacje

Nie chodzi jedynie o uprzejmość. To element postawy obywatelskiej i powinność członka społeczeństwa, a także sposób na pozostawanie w kontakcie z otoczeniem, przełamywanie barier społecznych oraz ustalenie, komu należy ufać, a komu nie. Jeżeli nastanie czas kultury donosu, krajobraz psychologiczny życia codziennego stanie się ważną kwestią.

W Europie XX wieku despotyczne reżimy powstawały w różnym czasie i różnych miejscach, ale we wspomnieniach ich ofiar przewija się jeden wspólny, ważny emocjonalnie element. Niezależnie od tego, czy jest mowa o faszystowskich Włoszech w latach 20. XX wieku, nazistowskich Niemczech lat 30., ZSRR w epoce Wielkiego Terroru lat 1937–1938 czy czystkach w komunistycznej Europie Wschodniej w latach 40. i 50., ci, którzy obawiali się represji, zapamiętali, jak traktowali ich sąsiedzi. Wielkiego znaczenia nabierały wtedy gesty w normalnych sytuacjach banalne – uśmiech, uścisk dłoni czy pozdrowienie. Jeżeli przyjaciele, koledzy i znajomi odwracali wzrok lub przechodzili na drugą stronę ulicy, aby uniknąć kontaktu, strach narastał. Możesz nie być pewien, kto dziś czuje się zagrożony w Stanach Zjednoczonych lub poczuje się tak jutro. Jeżeli jednak potraktujesz serdecznie wszystkich, niektórzy z pewnością poczują się lepiej.

W najniebezpieczniejszych czasach uciec i przetrwać udaje się zazwyczaj tym, którzy znają ludzi godnych zaufania. W ostateczności można zwrócić się do starych przyjaciół, a nawiązanie nowych przyjaźni jest pierwszym krokiem w kierunku zmian.

13

Uprawiaj politykę w sensie fizycznym

Władze chcą, żebyś sflaczał w fotelu, wyładowując swoje emocje w kierunku ekranu. Wyjdź na zewnątrz. Udawaj się w nieznane miejsca z nieznanymi ludźmi. Poznawaj nowych przyjaciół i chodźcie wspólnie na marsze.

Aby opór miał szansę powodzenia, trzeba przekroczyć dwie granice. Po pierwsze, pomysły na zmianę muszą zyskać poparcie ludzi z różnych środowisk, którzy nie we wszystkim się zgadzają. Po drugie, ludzie muszą wyjść z domu i obracać się wśród innych, których wcześniej nie zaliczali do przyjaciół. Protest można zorganizować z wykorzystaniem mediów społecznościowych, ale nic, co nie kończy się na ulicy, nie dzieje się naprawdę. Jeśli tyrani nie odczują żadnych konsekwencji swoich działań w trójwymiarowym świecie, nic się nie zmieni.

Przykładem skutecznego oporu wobec komunizmu był polski ruch związkowy „Solidarność" z lat 1980–1981; stanowił on koalicję robotników oraz przedstawicieli wolnych zawodów z udziałem zarówno członków Kościoła rzymskokatolickiego, jak i grup świeckich. Jego przywódcy odebrali w czasach komunizmu twarde lekcje. W 1968 roku reżim zmobilizował robotników przeciw protestującym studentom. W 1970 roku, gdy krwawo stłumiono strajki na Wybrzeżu, izolowani poczuli się z kolei robotnicy. W 1976 roku intelektualiści i przedstawiciele wolnych zawodów utworzyli już wspólnie Komitet Obrony Robotników, aby nieść pomoc represjonowanym przez rząd. W jego skład weszły osoby o poglądach zarówno prawicowych, jak i lewicowych, wierzący oraz ateiści; Komitet zyskał zaufanie robotników, gromadząc ludzi, którzy w innym razie by się nie spotkali.

Gdy w 1980 roku polscy robotnicy ponownie zastrajkowali na Wybrzeżu, dołączyli do nich prawnicy, naukowcy i inni, którzy pomogli im sformułować postulaty. Wynikiem było powstanie niezależnego związku zawodowego, a także uzyskanie od rządu gwarancji przestrzegania praw człowieka. Przez szesnaście miesięcy, gdy „Solidarność" działała legalnie, przyłączyło się do niej dziesięć milionów ludzi, a podczas strajków, marszów i demonstracji nawiązano niezliczone przyjaźnie. W 1981 roku polski reżim komunistyczny zdławił ten ruch, wprowadzając stan wojenny. Jednak osiem lat później, w 1989 roku, gdy potrzeba było partnera do negocjacji, komuniści musieli zwrócić się do „Solidarności". Związek zawodowy zażądał wtedy wyborów, które wygrał. Był to początek końca komunizmu w Polsce, Europie Wschodniej i Związku Radzieckim.

Decyzja o działalności publicznej zależy od zdolności utrzymania prywatnej sfery życia. Wolni jesteśmy tylko wtedy, gdy sami decydujemy o tym, kiedy jesteśmy widoczni, a kiedy nas nie widać.

14

Chroń swoje życie prywatne

Co paskudniejsze reżimy wykorzystają swoją wiedzę o tobie, by wywrzeć na ciebie presję. Regularnie czyść komputer ze złośliwego oprogramowania. Pamiętaj, że wysyłając e-mail, piszesz na niebie. Zastanów się nad użyciem alternatywnych narzędzi albo po prostu ogranicz korzystanie z poczty elektronicznej. Sprawy osobiste załatwiaj osobiście. Z tego samego względu staraj się nie mieć nierozwiązanych problemów prawnych. Tyrani szukają haka, na którym będą mogli cię powiesić. Nie dawaj go im.

Według wielkiej myślicielki politycznej Hannah Arendt totalitaryzm nie polega na wszechmocy państwa, ale na zatarciu różnicy między życiem prywatnym i publicznym. Jesteśmy wolni tylko w takim stopniu, w jakim sprawujemy kontrolę nad tym, co wiedzą o nas ludzie i w jakich okolicznościach się tego dowiadują. Podczas kampanii w 2016 roku zrobiliśmy bez zastanowienia krok w kierunku totalitaryzmu, akceptując jako coś normalnego naruszenie zasady prywatności korespondencji elektronicznej. Niezależnie od tego, czy robią to amerykańskie, rosyjskie agencje wywiadowcze czy też dowolna inna instytucja, kradzież, omawianie lub publikacja osobistej korespondencji burzy jeden z fundamentów naszych praw. Nie mając kontroli nad tym, kto, co i kiedy czyta, nie mamy też możliwości działania w teraźniejszości ani planowania przyszłości. Ten, kto potrafi naruszyć naszą prywatność, może do woli nas upokarzać i burzyć nasze relacje z innymi. Niczyje (być może z wyjątkiem tyrana) życie prywatne nie przetrwa wystawienia na widok publiczny na rozkaz wroga.

E-mailowe bomby zegarowe z kampanii prezydenckiej w 2016 roku niosły ze sobą potężną dawkę dezinformacji. Słowa pisane w konkretnej sytuacji mają sens tylko w niej. Już samo wyrwanie ich z kontekstu historycznego i umieszczenie w innym stanowi akt fałszerstwa. Co gorsza, media sprzeniewierzyły się swojej misji, relacjonując treść wykradzionych listów tak, jak gdyby stanowiły one normalne wiadomości. Niewielu dziennikarzy starało się wyjaśnić, dlaczego ludzie powiedzieli lub napisali w swoim czasie pewne rzeczy. Traktując wynik naruszenia prywatności jako informacje, media pozwoliły, aby ich uwaga została odwrócona od rzeczywistych aktualności. Zamiast podkreślać naruszenie podstawowych praw, na ogół wolały bezmyślnie zaspokajać nasze – z natury nieprzyzwoite – zainteresowanie sprawami innych.

Arendt uważała, że pragnienie odkrywania sekretów ma charakter niebezpiecznie polityczny. Totalitaryzm usuwa różnicę między tym, co prywatne, a tym, co publiczne, nie tylko po to, aby zniewolić jednostki, ale także po to, aby odwrócić uwagę całego społeczeństwa od normalnej polityki i ukierunkować ją na teorie spiskowe. Zamiast skupiać się na ustalaniu faktów lub ich interpretacji, jesteśmy uwodzeni przez ukrytą rzeczywistość i mroczne spiski, które wszystko wyjaśniają. Z historii e-mailowych bomb dowiedzieliśmy się, że mechanizm ten działa nawet wtedy, gdy to, co odkryto, nie jest wcale interesujące. Newsem staje się sam fakt ujawnienia czegoś, co było niegdyś poufne. Zaskakujące jest przy tym, że media specjalizujące się w informacjach politycznych radzą sobie z tym znacznie gorzej niż te informujące o świecie mody czy sportu. Dziennikarze modowi wiedzą, że modelki zdejmują ubrania w przebieralni, a sportowi, że sportowcy biorą prysznic po zawodach, ale żadna z tych grup nie pozwala, aby sprawy prywatne przesłoniły im istotę tego, o czym mają mówić lub pisać.

Jeżeli kwestie nieistotne pochłaniają nas wtedy, gdy chcą tego tyrani lub służby specjalne, przykładamy rękę do burzenia naszego ustroju politycznego. Oczywiście może nam się wydawać, że niczego takiego nie robimy – idziemy tylko w tę samą stronę, co wszyscy inni. To prawda – i właśnie to zjawisko Arendt określiła jako przeistaczanie się społeczeństwa w „motłoch". Możemy próbować rozwiązać ten problem samodzielnie, zabezpieczając swoje komputery; możemy też starać się zaradzić mu zbiorowo, na przykład wspierając organizacje broniące praw człowieka.

15

Wspieraj słuszne sprawy

Udzielaj się w organizacjach politycznych i innych, których poglądy podzielasz. Wybierz jedną lub kilka instytucji dobroczynnych i ustaw stałe zlecenie przelewu na ich rzecz. W ten sposób dokonasz wolnego wyboru, który wspiera społeczeństwo obywatelskie i pomaga innym czynić dobro.

Świadomość, że bez względu na rozwój zdarzeń przyczyniasz się do pożytecznych działań, daje satysfakcję. Wielu z nas stać na to, aby wesprzeć jakąś część rozległej sieci instytucji charytatywnych, którą jeden z byłych prezydentów nazwał „tysiącem jasnych punktów". Podobnie jak gwiazdy o zmierzchu, te jasne punkty najlepiej widać na tle ciemniejącego nieba.

Myśląc o wolności, Amerykanie wyobrażają sobie zazwyczaj starcie między samotną jednostką a potężnym rządem. Wyciągamy zwykle wniosek, że to jednostka powinna mieć więcej kontroli, a rząd – mniej. To bardzo szlachetny impuls. Elementem wolności jest jednak dobór ludzi, z którymi utrzymujemy kontakty, a jednym ze sposobów jej obrony – działania grup mające na celu wspieranie swoich członków. Właśnie dlatego powinniśmy angażować się w inicjatywy, które interesują nas samych, naszych przyjaciół i nasze rodziny. Nie muszą one przy tym wcale być jednoznacznie polityczne: czeski dysydent Václav Havel podał jako przykład warzenie dobrego piwa.

Jeżeli jesteśmy dumni z naszych działań i poznajemy w ich trakcie innych, którzy też czerpią z nich radość, budujemy społeczeństwo obywatelskie.

Udział w przedsięwzięciu uczy nas, że możemy zaufać ludziom spoza wąskiego kręgu przyjaciół i rodziny, a także pomaga nam rozpoznać autorytety, od których możemy się uczyć. Umiejętność zaufania innym i uczenia się od nich może sprawić, że życie wyda nam się mniej chaotyczne i tajemnicze, a demokratyczna polityka bardziej wiarygodna oraz atrakcyjna.

Znajdując się w sytuacji bardziej ekstremalnej od naszej, antykomunistyczni dysydenci z Europy Wschodniej dostrzegali, że pozornie niepolityczna aktywność społeczeństwa obywatelskiego stanowi przejaw wolności i ją zabezpiecza. Mieli rację. W XX wieku wszyscy najważniejsi wrogowie wolności atakowali też organizacje pozarządowe, instytucje charytatywne i tak dalej. Komuniści wymagali od wszystkich takich grup rejestracji i przekształcali je w instytucje kontroli. Faszyści stworzyli system, który nazwali korporacjonizmem – każda działalność ludzka miała w nim przypisane miejsce i była podporządkowana państwu jednopartyjnemu. Dzisiejsi autorytaryści w Indiach, Turcji czy Rosji również reagują alergicznie na samą koncepcję wolnych stowarzyszeń i organizacji pozarządowych.

16

Ucz się od ludzi z innych krajów

Podtrzymuj zagraniczne przyjaźnie i zawieraj nowe. Obecne trudności w Stanach Zjednoczonych są częścią ogólniejszej tendencji i żaden kraj nie znajdzie ich rozwiązania samodzielnie. Zadbaj o paszporty dla siebie i swojej rodziny.

W roku poprzedzającym wybór prezydenta amerykańscy dziennikarze wielokrotnie mylili się, pisząc o jego kampanii. Gdy przełamywał on kolejne bariery i odnosił kolejne zwycięstwa, komentatorzy na wyprzódki zapewniali nas, że jeszcze chwila i zatrzyma go jedna z szacownych amerykańskich instytucji. Inne stanowisko zajęła jedna grupa obserwatorów – ci zamieszkujący Europę Wschodnią i zajmujący się tym regionem. Dostrzegli oni w kampanii prezydenta wiele znajomych elementów, a jej wynik nie był dla nich zaskoczeniem. Sondujący atmosferę na środkowym zachodzie USA dziennikarze ukraińscy i rosyjscy wyrażali bardziej realistyczne opinie od amerykańskich ankieterów, którzy zbudowali swoje kariery na badaniu tendencji politycznych we własnym kraju.

W oczach Ukraińców Amerykanie reagowali w komicznie wręcz nieporadny sposób na oczywiste zagrożenie cyberwojną i fałszywymi wiadomościami. Gdy Ukraina stała się w 2013 roku celem rosyjskiej propagandy, młodzi ukraińscy dziennikarze i inni niezwłocznie zareagowali, uruchamiając energiczne, a czasem też pełne humoru kampanie demaskujące dezinformację. Rosja zastosowała przeciw Ukrainie wiele technik wykorzystanych potem, by szkodzić Stanom Zjednoczonym (gdy najechała już Ukrainę). Gdy w 2014 roku rosyjskie media kłamliwie utrzymywały, jakoby ukraińskie wojska ukrzyżowały małego chłopca, odpowiedź Ukraińców była szybka i skuteczna (przynajmniej wewnątrz kraju). Kiedy w 2016 roku te same media donosiły, jakoby Hillary Clinton była chora, gdyż wspomniała w swoim e-mailu o artykule na temat „zmęczenia decyzyjnego" (które nie jest chorobą), plotka została rozpowszechniona przez samych Amerykanów. Ukraińcy wygrali, a Amerykanie przegrali w tym sensie, że Rosji nie udało się zaprowadzić przychylnych jej rządów w sąsiednim kraju, natomiast preferowany przez nią kandydat zatriumfował w USA. Powinniśmy się nad tym przez chwilę zastanowić. O ile przez pewien czas wydawało się, że historia podąża z zachodu na wschód, teraz wydaje się ona zmierzać ze wschodu na zachód. Wszystko, co dzieje się tutaj, najpierw zdarzyło się tam.

Fakt, że większość mieszkańców USA nie ma paszportów, stał się problemem dla amerykańskiej demokracji. Amerykanie mawiają czasem, że nie potrzebują dokumentów podróżnych, gdyż wolą ginąć w obronie wolności w Ameryce. To piękne słowa, ale pomijają ważną kwestię. Ta walka będzie długa. Nawet jeśli będzie ona wymagać poświęceń, w pierwszej kolejności trzeba uważnie się przyjrzeć otaczającemu nas światu, aby dowiedzieć się, czemu się sprzeciwiamy i jak najlepiej to czynić. Posiadanie paszportu nie jest więc oznaką kapitulacji. Wręcz przeciwnie – wyzwala, otwierając możliwości nabycia nowych doświadczeń. Pozwala zobaczyć, jak inni – czasem mądrzejsi od nas – reagują na podobne problemy. Wiele z tego, co działo się w ostatnim roku, nie jest dla reszty świata niczym nowym bądź jest znane z historii najnowszej, musimy zatem obserwować i słuchać.

17

Nasłuchuj niebezpiecznych słów

Zwracaj uwagę na pojawianie się terminów „ekstremizm” i „terroryzm”. Bądź wyczulony na hasła „zagrożenie” i „wyjątek” – są śmiertelnie niebezpieczne. Okazuj gniew, gdy ktoś podstępnie sięga do patriotycznego leksykonu.

Najinteligentniejszy wśród nazistów teoretyk prawa Carl Schmitt jasno wyjaśnił istotę faszystowskich rządów. Wskazał on mianowicie, że sposobem zniszczenia wszystkich zasad jest skupienie się na idei wyjątku. Nazistowski przywódca wyprowadza przeciwników w pole, przekonując społeczeństwo, że chwila, w jakiej się znajduje, jest wyjątkowa, a następnie przekształcając wprowadzone w związku z tym środki w permanentny stan wyjątkowy. Obywatele oddają wtedy prawdziwą wolność za fałszywe bezpieczeństwo.

Kiedy politycy powołują się dziś na terroryzm, mówią, rzecz jasna, o rzeczywistym niebezpieczeństwie. Gdy jednak próbują nas wytresować tak, abyśmy wyrzekli się wolności w imię bezpieczeństwa, powinniśmy mieć się na baczności. Kompromis między tymi dwoma dobrami nie zawsze jest konieczny. Czasem rzeczywiście zyskujemy jedno kosztem drugiego, a czasem nie. Ludzie, którzy zapewniają cię, że bezpieczeństwo możesz zyskać j e d y n i e za cenę wolności, chcą ci zwykle odebrać i jedno, i drugie.

Wolności z pewnością można się pozbyć, nie stając się przez to bezpieczniejszym. Podporządkowanie się żądaniom władzy może poprawić samopoczucie, ale to nie zastąpi rzeczywistego bezpieczeństwa. Podobnie poszerzenie przestrzeni wolności może wytrącać z równowagi, ale to chwilowe poczucie niepokoju nie jest niebezpieczne. Łatwo wyobrazić sobie sytuacje, w których poświęcamy zarówno wolność, jak i bezpieczeństwo – wystarczy wejść w związek z osobą stosującą przemoc lub oddać głos na faszystę. Podobnie nietrudno wyobrazić sobie decyzje, które zwiększają naszą wolność, a jednocześnie bezpieczeństwo – na przykład zakończenie związku opartego na przemocy lub emigracja z faszystowskiego państwa. Zadaniem rządu jest zwiększać zarazem wolność i bezpieczeństwo.

Słowo „ekstremizm" z pewnością budzi złe skojarzenia, a rządy często dbają o to, by budziło jeszcze gorsze, używając w tym samym zdaniu słowa „terroryzm". Jest to jednak termin właściwie bez znaczenia. Ekstremizm nie jest żadną doktryną. Gdy tyrani mówią o ekstremistach, chodzi im po prostu o ludzi, którzy znajdują się poza głównym nurtem (przy czym o tym, co stanowi w danej chwili ten nurt, decyduje tyran). Dysydentów XX wieku nazywano ekstremistami niezależnie od tego, czy sprzeciwiali się faszyzmowi, czy komunizmowi. Nowoczesne reżimy autorytarne, takie jak Rosja, wykorzystują przepisy o zwalczaniu ekstremizmu, aby karać krytyków swojej polityki. W ten sposób zakres pojęcia ekstremizmu zaczyna obejmować właściwie wszystko z wyjątkiem tego, co rzeczywiście ekstremalne: tyranii.

18

Gdy nadejdzie niewyobrażalne, zachowaj spokój

Nowoczesna tyrania polega na zarządzaniu strachem. Gdy dojdzie do ataku terrorystycznego, pamiętaj, że autorytaryści wykorzystują takie zdarzenia, aby umocnić swoją władzę. Nagła katastrofa, która wymaga zniesienia trójpodziału władzy, rozwiązania partii opozycyjnych, zawieszenia wolności słowa, prawa do rzetelnego procesu i tak dalej, to stara sztuczka hitlerowców. Nie daj się nabrać.

Symbolicznym momentem, kiedy rząd Hitlera, który doszedł do władzy metodami w większości demokratycznymi, stał się przerażająco permanentnym reżimem nazistowskim, był pożar Reichstagu. To archetypiczny przykład zarządzania strachem.

Około godziny dziewiątej wieczorem 27 lutego 1933 roku budynek niemieckiego parlamentu zaczął płonąć. Kto podłożył tamtej nocy ogień w Berlinie? Nie wiemy, i tak naprawdę nie ma to znaczenia. Ważne jest to, że ten spektakularny akt terroru dał początek polityce stanu wyjątkowego. Tej nocy, wpatrując się z upodobaniem w płomienie, Hitler oświadczył: „Ten pożar jest dopiero początkiem". Niezależnie od tego, czy podłożenie ognia było dziełem nazistów, dostrzegł sposobność polityczną: „Teraz nie będzie litości. Zlikwidujemy każdego, kto stanie nam na drodze". Następnego dnia wydano dekret zawieszający podstawowe prawa wszystkich obywateli niemieckich, który pozwalał na „prewencyjne zatrzymania" przez policję. Twierdzenia Hitlera, jakoby za pożarem stali wrogowie Niemiec, poprowadziły partię nazistowską do decydującego zwycięstwa w wyborach parlamentarnych 5 marca. Policja i nazistowskie bojówki rozpoczęły obławę na członków lewicowych partii politycznych, którzy trafiali następnie do prowizorycznych obozów koncentracyjnych. 23 marca nowy parlament uchwalił ustawę o pełnomocnictwach pozwalającą Hitlerowi rządzić dekretami. Niemcy pozostały państwem stanu wyjątkowego przez kolejnych dwanaście lat – aż do końca II wojny światowej. Hitler wykorzystał pozbawiony sam w sobie większego znaczenia akt terroru do ustanowienia terrorystycznego reżimu, który zabił miliony ludzi i odmienił oblicze świata.

Dzisiejsi autorytaryści także zarządzają strachem, wykazując się przy tym jeszcze większą kreatywnością. Rozważmy chociażby obecny reżim rosyjski, który tak podziwia prezydent. Władimir Putin nie tylko doszedł do władzy w wyniku incydentu uderzająco przypominającego pożar Reichstagu – następnie wykorzystał także serię prawdziwych, wątpliwych i fałszywych ataków terrorystycznych, aby usunąć przeszkody na drodze do całkowitej władzy w Rosji, oraz jako pretekst do napaści na demokratycznych sąsiadów.

Kiedy niedomagający Borys Jelcyn mianował go premierem w sierpniu 1999 roku, Putin był człowiekiem znikąd, bez żadnego poparcia. Miesiąc później w różnych miastach w Rosji doszło do serii eksplozji w budynkach, będących prawdopodobnie dziełem rosyjskiej tajnej policji. W jednym przypadku sprawców zatrzymali z przedmiotami świadczącymi o ich winie inni funkcjonariusze, a przewodniczący rosyjskiego parlamentu poinformował o jednym z wybuchów na kilka dni przed nim. Mimo to Putin wypowiedział wojnę odwetową pochodzącej z Czeczenii muzułmańskiej ludności Rosji, obiecując ścigać domniemanych sprawców i, jak to określił, „utopić ich w wychodku".

Zmobilizował w ten sposób naród rosyjski i zyskał ogromne poparcie, które pozwoliło mu w marcu następnego roku wygrać wybory prezydenckie. W 2002 roku, gdy rosyjskie siły bezpieczeństwa zabiły ponad stu cywilów, reagując na prawdziwy atak terrorystyczny na teatr w Moskwie, Putin wykorzystał sposobność, by przejąć kontrolę nad prywatnymi stacjami telewizyjnymi. Po tym, jak szkołę w Biesłanie zajęli w 2004 roku terroryści (w niejasnych, sugerujących prowokację okolicznościach), wybieralnych gubernatorów zastąpił mianowanymi. Dojście Putina do władzy i likwidacja dwóch ważnych instytucji – prywatnej telewizji oraz pochodzących z wyboru gubernatorów – stały się zatem możliwe dzięki zarządzaniu strachem wywołanym przez rzeczywisty, fałszywy oraz wątpliwy terroryzm.

Gdy Putin ponownie został prezydentem w 2012 roku, Rosja uczyniła zarządzanie strachem elementem polityki zagranicznej. Podczas inwazji na Ukrainę w 2014 roku przekształciła oddziały swojej regularnej armii w grupy terrorystyczne, odpruwając z mundurów żołnierzy insygnia i zaprzeczając wszelkiej odpowiedzialności za niesione przez nich straszliwe cierpienia. Do walk o region Donbasu na południowo-wschodniej Ukrainie Rosja skierowała nieregularne siły czeczeńskie, a także regularne jednostki ze swoich muzułmańskich regionów. Usiłowała też (bez powodzenia) zmanipulować ukraińskie wybory prezydenckie w 2014 roku.

W kwietniu 2015 roku rosyjscy hakerzy przejęli kontrolę nad transmisją programu francuskiej stacji telewizyjnej, podali się za ISIS, a następnie wyemitowali materiał, który miał w zamierzeniu sterroryzować Francuzów. Rosja wcieliła się w „cyberkalifat”, aby wywołać we Francji jeszcze większy niż dotąd strach przed terrorem. Celem było prawdopodobnie pchnięcie wyborców w objęcia skrajnie prawicowego, wspieranego finansowo przez Rosję Frontu Narodowego. Gdy w ataku terrorystycznym na Paryż w listopadzie 2015 roku zginęło 130 osób, a 368 zostało rannych, założyciel powiązanego z Kremlem ośrodka analitycznego oświadczył z zadowoleniem, że terroryzm poskutkuje zbliżeniem Europy z faszyzmem i Rosją. Innymi słowy uznał, że zarówno fałszywy, jak i rzeczywisty islamski terroryzm w Europie Zachodniej jest w interesie Rosji.

Na początku 2016 roku Rosja zajęła się fabrykowaniem terroru w Niemczech. Bombardując syryjskich cywilów i przyczyniając się w ten sposób do napływu muzułmańskich uchodźców do Europy, Rosjanie wykorzystali jednocześnie tragedię rodzinną, aby powiedzieć Niemcom, że muzułmanie gwałcą dzieci. Cel, jak się wydaje, był ten sam – destabilizacja systemu demokratycznego i promowanie skrajnej prawicy.

We wrześniu poprzedniego roku rząd niemiecki ogłosił, że przyjmie pół miliona uchodźców z ogarniętej wojną Syrii. Rosja zaczęła wtedy skierowane przeciw cywilom naloty bombowe w tym kraju. Dostarczywszy uchodźców, zapewniła potem stosowną narrację. W styczniu 2016 roku rosyjskie media nagłośniły historię o dziewczynce rosyjskiego pochodzenia, która miała rzekomo zaginąć i paść ofiarą zbiorowego gwałtu dokonanego przez muzułmańskich imigrantów w Niemczech. Podejrzanie szybko zaczęły się protesty antyrządowe zorganizowane przez niemiecką prawicę. Gdy lokalna policja poinformowała, że do takiego gwałtu w ogóle nie doszło, w Rosji oskarżono ją o tuszowanie sprawy. Do spektaklu przyłączyli się nawet rosyjscy dyplomaci.

Gdy amerykański prezydent i jego doradca do spraw bezpieczeństwa narodowego[25] mówią o walce z terroryzmem u boku Rosji, w rzeczywistości proponują Amerykanom zarządzanie strachem: wykorzystanie rzeczywistych, wątpliwych i symulowanych ataków terrorystycznych, aby obalić demokrację. Rosyjskie podsumowanie pierwszej rozmowy telefonicznej między prezydentem a Władimirem Putinem było bardzo wymowne – przywódcy „podzielili zdanie, że niezbędne jest połączenie sił przeciwko

---

[25] Pierwszy doradca Donalda Trumpa ds. bezpieczeństwa narodowego Michael Flynn zrezygnował ze stanowiska w lutym 2017 roku po doniesieniach, że wprowadził wiceprezydenta USA w błąd co do swoich kontaktów z rosyjskim ambasadorem – przyp. tłum.

wspólnemu wrogowi numer jeden: międzynarodowemu terroryzmowi i ekstremizmowi".

Tyrani wyciągają z pożaru Reichstagu następującą lekcję: chwilowy wstrząs umożliwia wieczne podporządkowanie. Dla nas lekcja powinna brzmieć tak: naturalny strach i żałoba nie mogą otwierać drogi do zniszczenia naszych instytucji. Odwaga nie polega na nieodczuwaniu strachu czy nieprzeżywaniu żałoby. Polega natomiast na niezwłocznym rozpoznaniu technik zarządzania strachem i stawieniu im oporu od momentu samego ataku – właśnie wtedy, kiedy jest to najtrudniejsze.

Po pożarze Reichstagu Hannah Arendt stwierdziła: „Przestałam sądzić, że można być po prostu obserwatorem"[26].

---

26 Hannah Arendt, *What Remains? The Language Remains*, w: *eadem*, *Essays in Understanding, 1930–1954: Formation, Exile, and Totalitarianism*, New York 1994, s. 5.

19

Bądź patriotą

Dawaj następnym pokoleniom dobry przykład tego, co oznacza Ameryka. Będą go potrzebować.

Czym jest patriotyzm? Zacznijmy od tego, czym nie jest. Nie jest patriotyczne unikanie poboru oraz szydzenie z bohaterów wojennych i ich rodzin. Nie są patriotyczne dyskryminowanie we własnych firmach żołnierzy służby czynnej ani próba przepędzenia niepełnosprawnych weteranów ze swojej nieruchomości. Nie jest patriotyczne porównywanie poszukiwania partnerek seksualnych w Nowym Jorku do służby wojskowej w Wietnamie, od której udało się uchylić. Nie jest patriotyczne wynajdywanie sposobów niepłacenia podatków, zwłaszcza gdy płacą je ciężko pracujące amerykańskie rodziny. Nie jest patriotyczne proszenie tych ciężko pracujących i płacących podatki amerykańskich rodzin o datki na kampanię prezydencką, a następnie wykorzystanie ich darowizn do finansowania własnych firm.

Nie jest patriotyczne wyrażanie podziwu dla zagranicznych dyktatorów. Nie jest patriotyczne utrzymywanie relacji z Muammarem Kaddafim ani mówienie, że Baszar Al-Asad i Władimir Putin są doskonałymi przywódcami. Nie jest patriotyczne wzywanie Rosji do ingerencji w amerykańskie wybory prezydenckie. Nie jest patriotyczne przytaczanie na wiecach rosyjskiej propagandy. Nie jest patriotyczne zatrudnianie doradcy rosyjskich oligarchów. Nie jest patriotyczne zwracanie się o porady w zakresie polityki zagranicznej do udziałowca rosyjskiej spółki energetycznej. Nie jest patriotyczne wygłaszanie przemówienia o polityce zagranicznej autorstwa człowieka opłacanego przez rosyjski koncern energetyczny. Nie jest patriotyczne uczynienie doradcą do spraw bezpieczeństwa narodowego człowieka, który bierze pieniądze od rosyjskiego organu propagandowego. Nie jest patriotyczne mianowanie sekretarzem stanu inwestującego w Rosji nafciarza, który jest dyrektorem rosyjsko-amerykańskiego koncernu energetycznego i został udekorowany przez Putina Orderem Przyjaźni.

Nie chodzi przy tym o to, że Rosja i Ameryka muszą być wrogami. Chodzi o to, że patriotyzm polega na służeniu własnemu krajowi.

Prezydent jest nacjonalistą, a to wcale nie oznacza tego samego, co bycie patriotą. Nacjonalista zachęca nas do ulegania najgorszym instynktom, a następnie mówi nam, że jesteśmy najlepsi. Jak pisał Orwell, mimo że nacjonalista „nieustannie rozmyśla o władzy, zwycięstwie, porażce i zemście, nierzadko wcale nie interesuje się tym, co dzieje się w realnym świecie"[27]. Nacjonalizm jest relatywistyczny, gdyż jego jedyną prawdą jest niechęć, jaką odczuwamy, gdy patrzymy na innych. Jak ujął to pisarz Danilo Kiš, nacjonalizm „żyje relatywizmem. Bezwzględne wartości – estetyczne, etyczne itd. – istnieją jedynie względnie"[28].

Z kolei patriota chce, żeby naród dorównał wyznawanym przez niego ideałom, co oznacza żądanie, abyśmy byli jak najlepsi. Patriota musi liczyć się z realnym światem, który jest jedynym miejscem, gdzie jego kraj może zostać otoczony miłością i troską. Patriota wyznaje uniwersalne wartości i standardy, według których mierzy swój naród, zawsze życząc mu dobrze, a zarazem pragnąc, aby stawał się jeszcze lepszy.

Demokracja zawiodła w Europie w latach 20., 30. i 40. XX wieku; również dziś zawodzi nie tylko w dużej części Europy, ale i w wielu regionach świata. Historia i doświadczenie odsłaniają przed nami

---

27 George Orwell, *Uwagi o nacjonalizmie*, tłum. Marcin Szuster, w: *idem*, *Jak mi się podoba. Eseje, felietony, listy*, Warszawa 2002, s. 233.

28 Danilo Kiš, *O nacjonalizmie*, tłum. Tomasz Wyszkowski, „Krasnogruda" nr 6 (1997), s. 12.

mroczne wizje możliwej przyszłości. Nacjonalista oświadczy, że „to nie może się zdarzyć tutaj", co jest pierwszym krokiem w stronę katastrofy. Patriota powie, że to może się zdarzyć tutaj, ale nie dopuścimy do tego.

20

Bądź tak odważny, jak potrafisz

Jeżeli nikt z nas nie będzie gotowy zginąć za wolność, wszyscy umrzemy w tyranii.

Epilog

Historia i wolność

Bohater dramatu Szekspira – szlachetny Hamlet – jest słusznie wstrząśnięty, gdy na tronie zasiada nagle nikczemny władca. Opętany wizjami, dręczony przez koszmary, samotny i wyobcowany, czuje, że musi przywrócić właściwe poczucie czasu. „Ten czas jest kością, wyłamaną w stawie" – mówi Hamlet. – „Jak można liczyć, że ja ją nastawię?"[29] Nasz czas bez wątpienia

[29] Wszystkie cytaty z *Hamleta* Williama Shakespeare'a w przekładzie Stanisława Barańczaka. William Shakespeare, *Hamlet*, tłum. Stanisław Barańczak, wyd. III poprawione, Kraków 1997.

został wyłamany w stawie. Z pewnego względu zapomnieliśmy o historii, a jeżeli nie zachowamy ostrożności, zaniedbamy ją z jeszcze innego powodu. Jeżeli chcemy potwierdzić swoje przywiązanie do wolności, musimy przywrócić porządek w naszym poczuciu czasu.

Do niedawna wmawialiśmy sobie, że przyszłość nie przyniesie nic nowego i wszystko pozostanie takie samo. Traumatyczne doświadczenia faszyzmu, nazizmu i komunizmu wydawały się na tyle odległe, że już nieistotne. Pozwoliliśmy sobie na luksus myślenia w kategoriach nieuchronności, powtarzając sobie, że historia może podążać tylko w jednym kierunku: w stronę demokracji liberalnej. Po upadku komunizmu w Europie Wschodniej w latach 1989–1991 upajaliśmy się mitem o „końcu historii". Przez to opuściliśmy gardę, nie pozwoliliśmy działać swojej wyobraźni i utorowaliśmy drogę właśnie takim reżimom, jakie miały już rzekomo nigdy nie powrócić.

Myślenie w kategoriach nieuchronności sprawia na pierwszy rzut oka wrażenie osadzonego w historii. Uprawiający je politycy nie przeczą istnieniu przeszłości, teraźniejszości i przyszłości. Przyznają nawet, że odległa przeszłość cechowała się barwną różnorodnością. Mimo to teraźniejszość postrzegają tylko jako krok w kierunku przyszłości, którą już znamy – postępującej globalizacji, coraz powszechniejszego racjonalizmu i rosnącego dobrobytu. Takie podejście określa się mianem teleologii: osadzonej w czasie narracji, która prowadzi do pewnego, zazwyczaj pożądanego celu. Komunizm również oferował teleologię, obiecując nieuchronną socjalistyczną utopię. Gdy ta narracja rozsypała się w proch i pył ćwierć wieku temu, wyciągnęliśmy z tego błędne wnioski: zamiast odrzucić wszelkie teleologie, wyobraziliśmy sobie, że to nasza jest prawdziwa.

Myślenie w kategoriach nieuchronności to pogrążanie się na własne życzenie w śpiączce intelektualnej. Dopóki toczyła się rywalizacja między ustrojami komunistycznym i kapitalistycznym oraz dopóki trwała pamięć o faszyzmie i nazizmie, Amerykanie musieli zwracać uwagę na historię i pielęgnować pojęcia pozwalające wyobrazić sobie alternatywną wizję przyszłości. Gdy jednak uznaliśmy kierunek rozwoju za nieuchronny, założyliśmy, że historia nie ma już znaczenia. Jeżeli o całym kształcie przeszłości decyduje znana prawidłowość, nie musimy więcej zagłębiać się w szczegóły.

Akceptacja nieuchronności uczyniła nasz sposób rozmowy o polityce w XXI wieku nienaturalnym. Stłumiła ona debatę, przejawiając tendencję do generowania systemów partyjnych, w których jedno ugrupowanie polityczne broniło *status quo*, podczas gdy drugie całkowicie je negowało. Nauczyliśmy się mówić, że „nie ma alternatywy" dla podstawowego porządku rzeczy; jest to rodzaj wrażliwości, którą litewski politolog Leonidas Donskis określił mianem „płynnego zła". Gdy przyjęliśmy nieuchronność za pewnik, krytyka rzeczywiście stała się ryzykowna. To, co wyglądało na krytyczną analizę, opierało się często na założeniu, że obecny stan rzeczy nie może w istocie ulec zmianie, a tym samym pośrednio go umacniało.

Niektórzy odnosili się krytycznie do „neoliberalizmu", mając poczucie, że idea wolnego rynku wyparła wszystkie inne. Była to prawda, ale samo użycie tego terminu stanowiło zazwyczaj pokłon przed jego niewzruszoną hegemonią. Inni krytycy mówili o konieczności wprowadzenia „zaburzeń", zapożyczając angielski termin *disruption* z analizy innowacji technologicznych. Gdy stosujemy go do polityki, ponownie wytwarza on przekonanie, że nic tak naprawdę nie może ulec zmianie – chaos, który nas pobudzi, zostanie ostatecznie wchłonięty przez samoregulujący się system. Człowiek przebiegający nago w poprzek boiska piłkarskiego z pewnością zaburza przebieg gry, ale nie zmienia jej reguł. Cała idea zaburzeń jest z gruntu dziecinna: zakłada ona, że po tym, jak nastolatki zrobią bałagan, przyjdą dorośli i posprzątają.

Tyle że dorosłych nie ma. Swój bałagan musimy uprzątnąć sami.

Drugim antyhistorycznym sposobem spojrzenia na przeszłość jest m y ś l e n i e w k a t e g o r i a c h w i e c z n o ś c i. Podobnie jak myślenie w kategoriach nieuchronności, zamienia ono historię w maskaradę, choć w inny sposób. Pozornie bierze pod uwagę przeszłość, ale tak naprawdę jest całkowicie pochłonięte sobą i nie przejmuje się faktami. Najpełniejszym jego wyrazem jest tęsknota za chwilami, które w istocie nigdy się nie wydarzyły – za epokami, które w rzeczywistości przyniosły kataklizm. Politycy myślący w kategoriach wieczności prezentują przeszłość jako rozległy, mglisty dziedziniec pełen pomników narodowego męczeństwa, z których każdy jest tak samo odległy od teraźniejszości, a wszystkie równie łatwo poddają się manipulacji. Każde odniesienie do przeszłości wydaje się związane z zakusami zewnętrznego wroga na narodową czystość.

Narodowi populiści to właśnie politycy posługujący się kategoriami wieczności. Ich ulubionym punktem odniesienia są lata 30. XX wieku – era, gdy demokratyczne republiki wydawały się pokonane, a ich nazistowscy i sowieccy rywale nie do powstrzymania. Ci, którzy opowiedzieli się za Brexitem, czyli wyprowadzeniem Zjednoczonego Królestwa z Unii Europejskiej, wyobrażali sobie brytyjskie państwo narodowe, choć taki twór nigdy nie istniał. Istniało Imperium Brytyjskie, a później Wielka Brytania w strukturach Unii Europejskiej. Wyjście z UE to nie cofnięcie się o krok na pewny grunt, lecz skok w nieznane. Gdy sędziowie oświadczyli, że Brexit wymaga przegłosowania w parlamencie, brytyjski tabloid nazwał ich „wrogami ludu", przywołując tym samym upiorny stalinowski termin z procesów pokazowych lat 30. XX wieku. We Francji Front Narodowy wzywa wyborców do odrzucenia Europy w imię wyimaginowanego przedwojennego francuskiego państwa narodowego. Jednak Francja, podobnie jak Wielka Brytania, nigdy nie istniała bez imperium czy projektu europejskiego. Przywódcy Rosji, Polski i Węgier wykonują podobne gesty w stronę wyidealizowanego obrazu lat 30.

W kampanii w 2016 roku amerykański prezydent posługiwał się hasłem „Po pierwsze Ameryka"; tak nazywał się komitet, który starał się zapobiec przystąpieniu Stanów Zjednoczonych do wojny przeciwko nazistowskim Niemcom. Doradca strategiczny prezydenta obiecuje politykę „równie ekscytującą, jak w latach 30.". Do jakiego dokładnie okresu odnosi się *again* w prezydenckim sloganie „*Make America great again*", czyli „Uczyńmy Amerykę znowu wielką"? Wskazówka: Chodzi o to samo *again*, które występuje w angielskiej frazie *never again*, czyli „nigdy więcej". Sam prezydent wskazał, że problemom współczesności zaradziłaby zmiana władzy w stylu lat 30.: „Wiecie, co przyniesie rozwiązanie? Gdy gospodarka runie, cały kraj diabli wezmą i nastąpi ogólna katastrofa". Jego zdaniem potrzebujemy „zamieszek, aby wrócić do czasów, kiedy doskonale nam szło".

Myślenie w kategoriach wieczności uwodzi mityczną przeszłością, odwracając w ten sposób uwagę od możliwej przyszłości. Skupienie się na męczeństwie pozwala zapomnieć o potrzebie samodoskonalenia.

Skoro naród jest określany przez swoje wrodzone cnoty, a nie przyszły potencjał, polityka staje się dyskusją o dobru i złu w miejsce rozmowy o możliwych rozwiązaniach rzeczywistych problemów. Jako że kryzys jest trwały, zawsze obecne jest poczucie zagrożenia, a plany na przyszłość wydają się objawem braku realizmu lub wręcz nielojalności. Jak można myśleć o reformach, gdy u bram stale czai się wróg?

Jeżeli myślenie w kategoriach nieuchronności przypomina śpiączkę, rozumowanie w kategoriach wieczności jest hipnozą: wpatrujemy się w wirujący stożek cyklicznego mitu, póki nie wpadniemy w trans – a potem dopuszczamy się szokujących czynów na czyjś rozkaz.

Obecnie grozi nam wpadnięcie z polityki nieuchronności w politykę wieczności – przejście od naiwnej i pełnej wad republiki demokratycznej do chaotycznej i cynicznej faszystowskiej oligarchii. Myślenie w kategoriach nieuchronności jest bowiem bardzo podatne na taki rodzaj wstrząsów, jakich właśnie doświadczyliśmy. Gdy coś strzaska mit, gdy czas zostanie wyłamany ze stawu, rozpaczliwie szukamy innego sposobu uporządkowania tego, czego doświadczamy. Droga najmniejszego oporu prowadzi od nieuchronności prosto ku wieczności. Jeżeli kiedyś wierzyłeś, że wszystko zawsze dobrze się kończy, dasz się też przekonać, że wszystko zawsze kończy się źle. Jeśli kiedyś nie robiłeś nic, bo myślałeś, że postęp jest nieunikniony, teraz możesz pozostać bezczynny, gdyż sądzisz, że wszystko cyklicznie się powtarza.

Obydwa te stanowiska – zarówno zakładające nieuchronność, jak i wieczność – są antyhistoryczne, a jedynym, co je dzieli, jest sama historia. Historia pozwala nam dostrzegać wzorce i dokonywać osądów. Zarysowuje dla nas struktury, w których możemy poszukiwać wolności. Ujawnia przed nami chwile – każda z nich jest inna, ale żadna nie jest zupełnie niepowtarzalna. Zrozumienie jednej chwili oznacza dostrzeżenie możliwości, że będziemy współtwórcami innej. Historia pozwala nam przyjąć odpowiedzialność – nie za wszystko, ale za coś. Polski poeta Czesław Miłosz uważał, że takie zrozumienie odpowiedzialności jest antidotum na samotność i obojętność. Historia pozwala nam znaleźć się w towarzystwie tych, którzy uczynili i wycierpieli więcej niż my.

Przyjmując perspektywę nieuchronności, wychowaliśmy pokolenie bez historii. Jak zareagują ci młodzi

Amerykanie, widząc, że obietnica nieuchronności została tak jawnie złamana? Być może z nieuchronności wpadną od razu w wieczność. Trzeba jednak mieć nadzieję, że zdołają oni stać się pokoleniem osadzonym w historii – że unikną pułapek nieuchronności i wieczności, które zastawili na nich poprzednicy. Jedno jest pewne: jeżeli młodzi ludzie nie zaczną tworzyć historii, politycy wieczności i nieuchronności ją zniszczą. Aby zaś tworzyć historię, młodzi Amerykanie muszą ją poznać. To nie jest koniec, ale początek.

„Przeklęty mój los: Ten czas jest kością, wyłamaną w stawie – Jak można liczyć, że ja ją nastawię?" – mówi Hamlet. Ostatecznie dochodzi jednak do wniosku, że trzeba wspólnie działać: „Chodźmy już stąd".